山川出版社

# 「鎌倉」とはなにか

## 中世、そして武家を問う

*Seki Yukihiko*

関幸彦

# はしがき

鎌倉の断層撮影——いささか穿《うが》った表現だが、本書がめざしたのはこれに集約される。もう少し説明すれば、鎌倉という地に宿《やど》された歴史の断層をボーリングすることで、そこに付着した時代の特色を取りだすこと、といってもいい。

こんな書き方をすればむずかしそうだが、要は鎌倉という「場」を「時間」(歴史)の軸で整理したときに、どんなことが見えてくるのかを考えることにある。これまで鎌倉を論じた書物は山ほどある。が、それらのうちどれ程のものがこうした大きな視点を共有していたのだろうか。

地域史という狭い枠組みを離れて、鎌倉が有した歴史性を普遍化するためには、なにが必要なのかを本書のなかで考えてゆきたいと思う。鎌倉が包含する内容は豊かである。中世も武家もそして天皇も、さらには国家も、さまざまが見えてくるはずだ。鎌倉を耕すことで、それぞれの時代の表情を読み解くことも可能となろう。

それでは、こうした課題に近づくためにはどのような方法があるのか。一つは時代ごとの鎌倉の表情を史蹟から探ることだろう。中世はもとより近世も、そして近代も鎌倉はそれぞれの風貌を有した。そうした意味で、地域の時代的変化を断層的に点在する史蹟から考えることは有効だろう。

そして二つには、この点を踏まえることで、基層に位置する中世それ自体の鎌倉や武家について考えてみることだ。そこには鎌倉の本質的な問題が宿されているはずである。「鎌倉とはなにか」という問題を問うなかで、中世とは、武家とは、さらに日本とは、を考える手がかりになればと思っている。

ここに指摘した二つの視点は、おそらく個別と普遍の相互のかかわりから導きだされるものだろう。一つ目のそれには、各時代の個有性に根ざした鎌倉論が語られることになろう。そして二つ目には、中世が創った武家の都の鎌倉論が指摘されることになる。

別の言い方をすれば中世の鎌倉を共通分母においた場合、近世そして近代の鎌倉は、これと相互にどのように関連しあうのかということでもある。いずれにしても各時代の鎌倉をどのように紡《つむ》ぐのかが、大きな課題となろう。

本書の構成はいわゆる倒叙法を用いた。近代そして近世へと鎌倉をさかのぼることにより、中世という光源体に接近する方法である。各時代が鎌倉をどう認識したかを探る切り口は種々である。そこには明治期の国定《こくてい》教科書や文部省唱歌の世界もあれば、江戸期の名《めい》所図会《しょずえ》などの材料もあるだろう。

「鎌倉とはなにか」を考えるにあたり、ここにふれた方向から外堀《そとぼり》を埋めながら、中世という内堀《うちぼり》へと思考の流れを移してゆきたいと思う。

# 「鎌倉」とはなにか――中世、そして武家を問う　目次

Ⅱ　近世は鎌倉になにを残したか……65

Ⅲ　中世は鎌倉になにを創ったか……129

# 「鎌倉」とはなにか——中世、そして武家を問う

# I 近代は鎌倉になにを見つけたか

長谷の大仏（幕末期）

## 発見された中世——文部省唱歌より

近代は鎌倉になにを見つけたのか。この問いへの道筋はいろいろだが、まずは教育という場から考えておこう。「鉄道唱歌《しょうか》」をご存知かと思う。例の「汽笛一声《きてきいっせい》新橋の……」で始まる有名な歌だ。

明治三十三年（一九〇〇）大和田建樹《おおわだたけき》の作とされる。東海道線（この呼称使用は明治二十八年。それまでは東海道幹線鉄道）の各地の名所《めいしょ》が読みこまれている。「地理教育」の付書があり、音楽教育との接合のなかでこれが登場したことを知りうる。

そこには鎌倉にかかわる名所・旧蹟（鶴岡大鴨脚樹《つるがおかおおいちょう》・公暁《くぎょう》・頼朝《よりとも》・幕府・円覚寺《えんがく》・建長寺《けんちょう》・大仏《だいぶつ》・片瀬《かたせ》・腰越《こしごえ》・江《え》の島《しま》など）が、六番から九番の歌詞のなかに登場している。全六六番にわたるこの「鉄道唱歌」のなかで、鎌倉関係はそれなりの比重を占めたことがわかる。

この「鉄道唱歌」は国定《こくてい》教科書以前の検定制度下のものだった。この歌が登場した明治二十年代から三十年代にかけては、「戦争唱歌」「歴史唱歌」がさかんにつくられている*（『教科書大系』所収「唱歌教科書総解説」）。

歴史関係では、佐藤誠実《さとうじょうじつ》詞「楠公小楠公《なんこうしょうなんこう》」（明治二十八年）、落合直文《おちあいなおふみ》詞「湊川《みなとがわ》」（明治三十二年）、同「南朝忠臣歌《なんちょうちゅうしんか》」（明治三十五年）などがある。前述の「鉄道唱歌」もこうした流れのなかで登場したものだった。

小学校の教科書の国定化は明治三十六年（一九〇三）のことだった（ただし音楽〈唱歌〉に関しては明治四十年代）。文部省唱歌の誕生である。いま明治四十四年五月に発行された「尋常《じんじょう》小学唱歌」を例にとり、歴史的題材がどれくらい採られているかを調べてみよう。

・第一学年用――牛若丸、桃太郎
・第二学年用――二宮金次郎、浦島太郎、仁田《にった》四郎、那須与一《なすのよいち》
・第三学年用――鵯越《ひよどりごえ》、豊臣秀吉、川中島《かわなかじま》
・第四学年用――曽我《そが》兄弟、家の紋（楠木《くすのき》父子）、広瀬中佐、橘中佐、八幡《はちまん》太郎
・第五学年用――八岐《やまた》の大蛇《おろち》、加藤清正《きよまさ》、菅公《かんこう》、水師営《すいしえい》の会見（乃木希典《のぎまれすけ》）、斎藤実盛《さねもり》、大塔宮《おおとうのみや》
・第六学年用――児島高徳《こじまたかのり》、日本海海戦、鎌倉、天照大神《あまてらすおおみかみ》

ということになる。一覧すればわかるように、そこには時代が投影されている。日清《にっしん》・日露《にちろ》戦争での活躍者（軍神《ぐんしん》）も登場する。各学年二〇曲弱で総計一一八曲のうち二四曲が歴

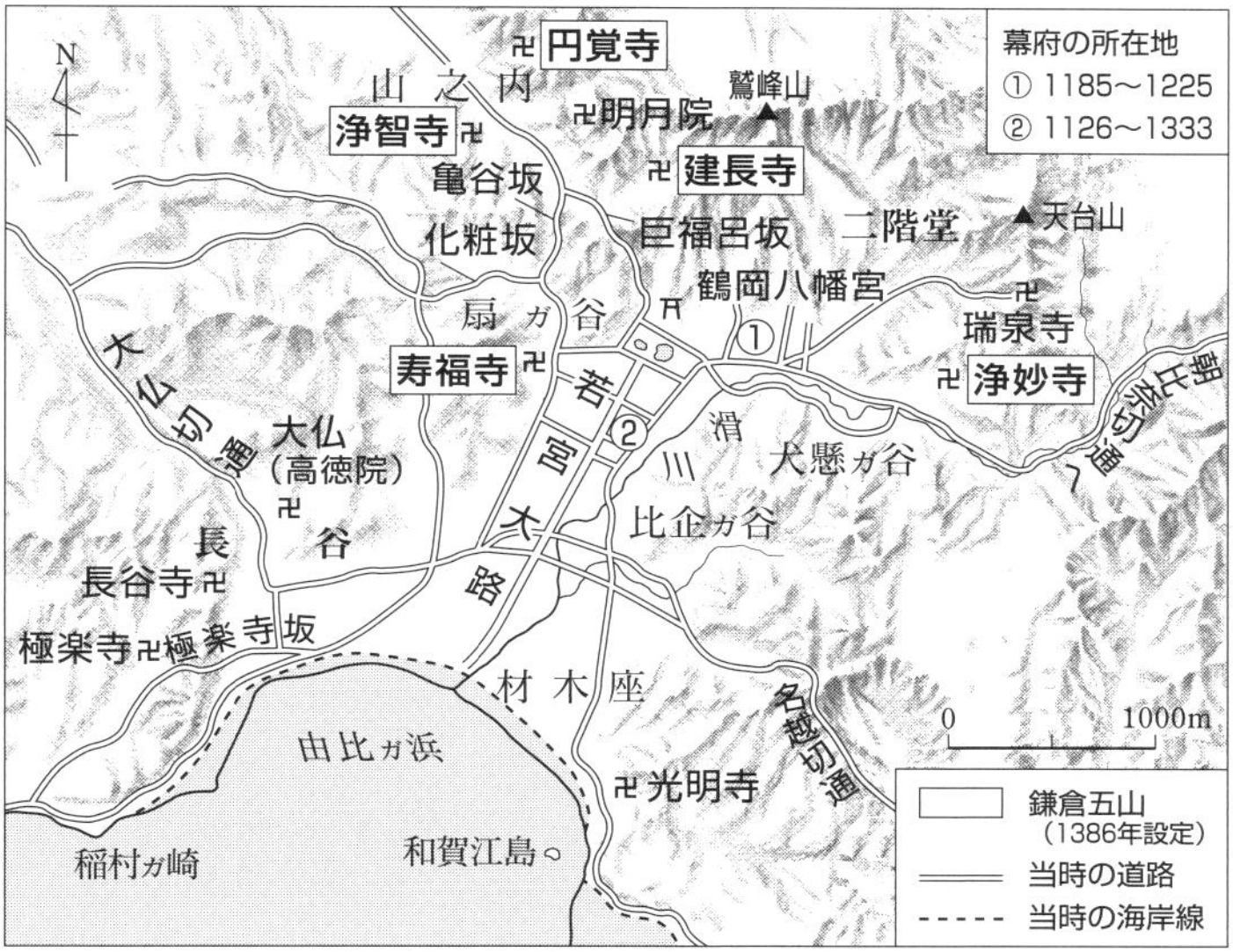


▲鎌倉要図　鎌倉は源頼義以来，源氏とのゆかりが深い地で，三方を小さな丘陵にかこまれ，南は海にのぞむ要害の地であった。

史に取材したものである。さらにそのうちの半分以上が、中世にかかわる人物ということになる。

加えて①武将・軍人が多いこと、②高学年ほど歴史的主題が多くなること、③その多くが忠孝《ちゅうこう》・武勇《ぶゆう》・勉励《べんれい》などの徳目《とくもく》主義が中心であったこと、④『古事記《こじき》』などの神話《しんわ》的教材や、『平家《へいけ》物語』『太平記《たいへいき》』などの軍記物《ぐんきもの》などからの取材が多いこと、などであろう。思いつくままに列挙すればこんなところだろうか。

こうした特徴のなかで、あらためて気づくことは人物への比重が高いことだろう。肝心《かんじん》の「鎌倉」は第六学年に登場するが、人物以外をテーマにした数少ないものの一つだった。「七里ケ浜《しちりがはま》の磯づたい」で始まる名曲であり、メロディーくらいは記憶にあるにちがいない。正真正銘《しょうしんしょうめい》の「文部省唱歌」ということができる。この「鎌倉」に語られている八番までの名所には、七里ヶ浜、稲村ヶ崎《いなむらがさき》、極楽寺坂《ごくらくじざか》、長谷観音《はせかんのん》、大仏、由比ヶ浜《ゆいがはま》、雪の下、八幡宮《はちまんぐう》、大銀杏《おおいちょう》、舞殿《まいでん》（静御前《しずかごぜん》）、鎌倉宮《かまくらぐう》（大塔宮）、建長寺、円覚寺などがみえている。「鉄道唱歌」と重なるものもあるが、そうでない旧蹟もある。

結論を先取りすれば、そこにはやはり『太平記』的気分が浸透しているようでもある。それは中世のなかの「中世」、もう一つの「中世」が代弁されている。後醍醐《ごだいご》天皇や南朝

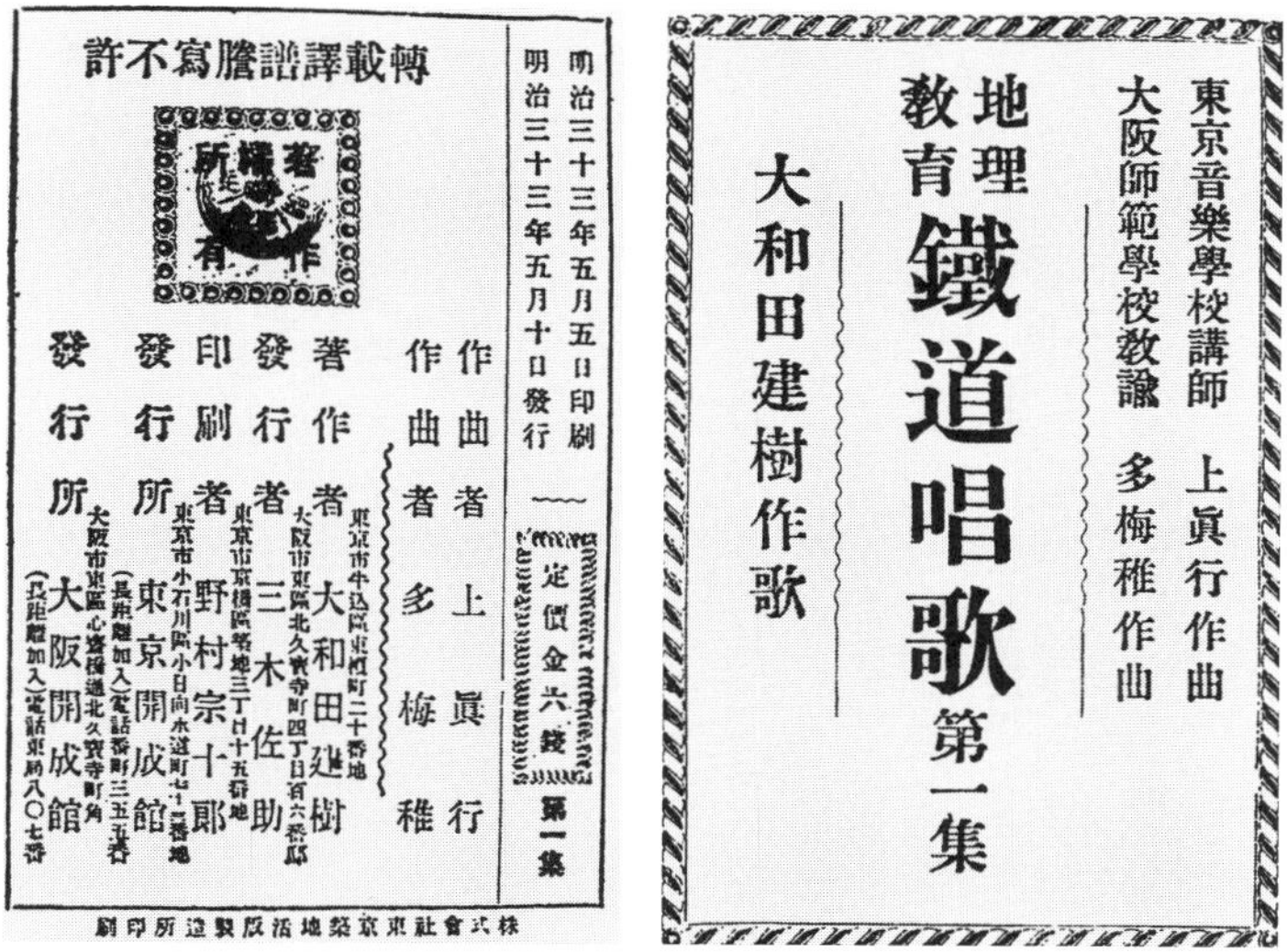
東京音樂學校講師　上眞行作曲
大阪師範學校教諭　多梅稚作曲
地理教育　鐵道唱歌　第一集
大和田建樹作歌

明治三十三年五月五日印刷
明治三十三年五月十日發行
定價金六錢　第一集
作曲者　上眞行
作曲者　多梅稚
著作者　東京市牛込區東榎町二十番地　大和田建樹
發行者　大阪市東區北久寶寺町四丁目百六番邸　三木佐助
印刷者　東京市京橋區築地二丁目十五番地　野村宗十郎
發行所　東京市小石川區小日向水道町七十二番地（長距離加入）電話番町三五五番　東京開成館
發行所　大阪市東區心斎橋通北久寶寺町角（長距離加入）電話東局八〇七番　大阪開成館
轉載譯譜謄寫不許
著作權所有
株式會社東京築地活版製造所印刷

▲『地理教育　鉄道唱歌　第１集』表紙(右)と裏表紙

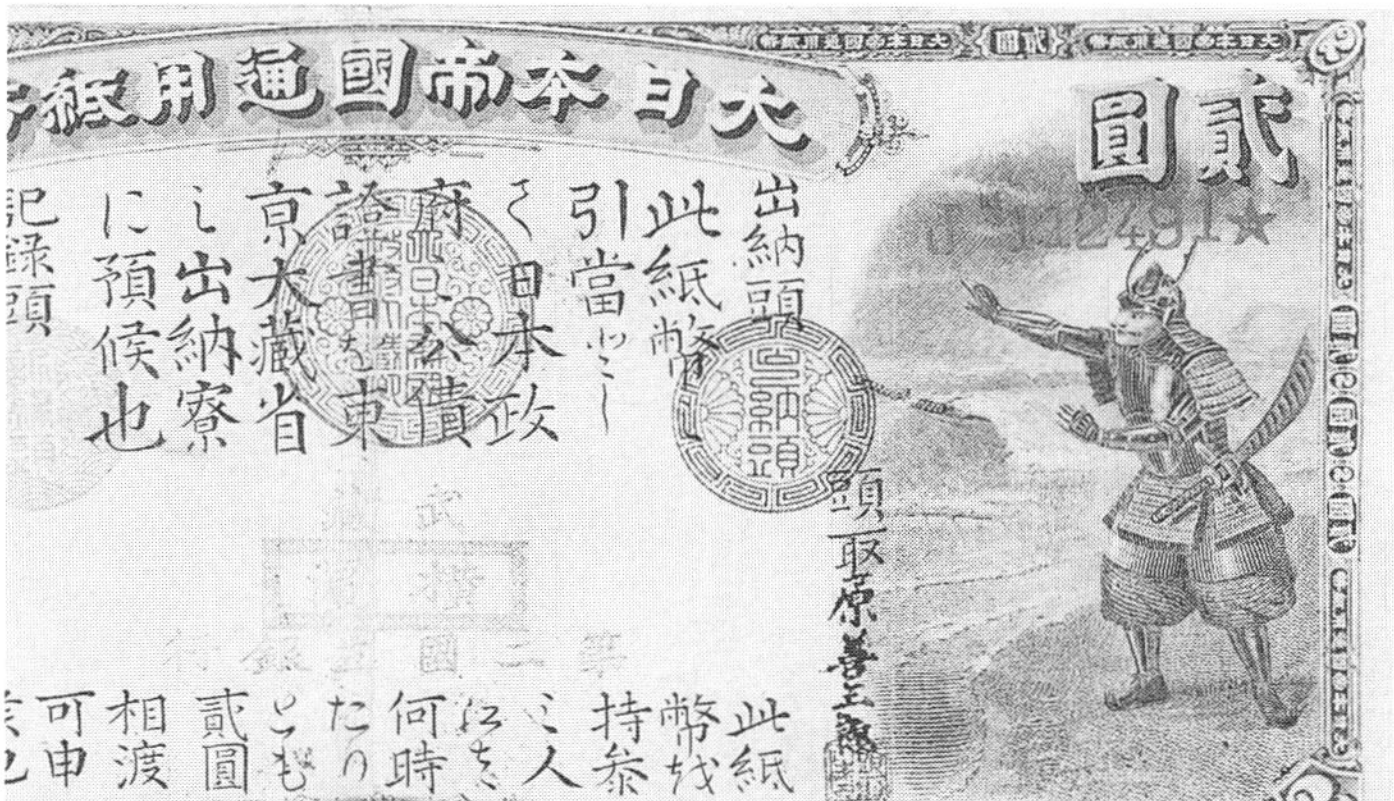


▲ 国立銀行紙幣・旧２円券の表に描かれた新田義貞

の忠臣たちの世界だった。講談をはじめとして、江戸時代以来の「太平記読み」で親しまれた伝統が、その受入れをさらに容易にしたにちがいない。だが、近代が鎌倉から掘り起こした中世とは、明治国家の歴史意識に合致した特殊な世界だったことも、改めて考えなくてはならない。

文部省唱歌「鎌倉」には、北条氏《ほうじょう》の鎌倉は登場しない。そこに読み込まれているのは新《にっ》田義貞《たよしさだ》の鎌倉幕府攻略の場面であり、南朝のヒーロー護良親王《もりよししんのう》を祀《まつ》った鎌倉宮であった。ほかは八幡宮、頼朝、静の世界が若干、さらに鎌倉仏教なのである。

近代が鎌倉になにを見いだそうとしたのか。そのおおよそは理解いただけるかと思う。こうしたことは、鎌倉という場を離れても妥当しうるものか否かを、異なる視点からボーリングしてみよう。

たとえば紙幣《しへい》に刷《す》られている史上の人物たち――大国主命《おおくにぬしのみこと》・日本武尊《やまとたけるのみこと》・神功皇后《じんぐうこうごう》・武内宿禰《たけのうちのすくね》・聖徳太子《しょうとくたいし》・藤原鎌足《ふじわらのかまたり》・和気清麻呂《わけのきよまろ》・菅原道真《すがわらのみちざね》・新田義貞・児島高徳・楠木正成《まさしげ》などを考えてみれば、わかるはずだ。

別の機会にもふれたが、そこには近代国家の意志が反映されていた（この点、拙著『ミカドの国の歴史学』新人物往来社、一九九四を参照）。「王政復古《おうせいふっこ》」を標榜《ひょうぼう》した明治が武家《ぶけ》を否定したことは、十分すぎる理由があった。ここにあっては江戸期は当然のことだが、中世の鎌倉そして室町《むろまち》の時代も武家であるがゆえに否定されることになる。

ただ、中世の南朝は武家の時代にあって、天皇親政の「中興《ちゅうこう》」の時代と認識された。「建武《けんむ》中興」とは近代の「王政復古」からの呼称であり、それは皇統《こうとう》意識の連続性に適合する表現にほかならなかった。それ故に「建武新政」ではなく、「建武中興」でなければならなかった。

＊ この時期、教育学ではペスタロッチにかわり、ヘルバルトの教育学説が採用され、教科統合的な唱歌が登場する。音楽教科書に修身《しゅうしん》・国語・歴史・地理などの関連教科が総合される形で普及した。この点に関しては、『日本教科書大系』（近代編巻25、講談社、一九六五）を参照。

# 稲村ヶ崎から見えるもの

七里ヶ浜の磯伝い、稲村ヶ崎名将の、剣投ぜし古戦場……

（『尋常小学校読本』明治四十三年）

文部省唱歌「鎌倉」の冒頭はこの稲村ヶ崎から始まる。『太平記』が語る新田義貞の鎌倉攻《ぜめ》の場面である。

近代の明治国家は教育の場で「国民」を創り上げる努力をはらった。黄金の宝剣《ほうけん》を海中の龍神《りゅうじん》に捧げ、海の道を拓《ひら》いた義貞は『太平記』世界の名将だった。国民的英雄像は、この稲村ヶ崎に象徴化される形で定着していった。

伝説が史実となり、史実は真実となった。『太平記』的真実を喧伝《けんでん》することで、「国民」としての歴史意識が醸《かも》しだされたことは疑いない。

義貞馬ヨリ下給《おりたまい》テ、甲《かぶと》ヲ脱《ぬい》デ海上ヲ遙々ト拝ミ、龍神ニ向テ祈誓シ給ケル。……至信ニ祈念シ、自ラ佩《は》給《きたま》ヘル太刀《たち》ヲ抜テ、海中へ投給ケリ。真ニ龍神納受ヤシ給ケン、其夜ノ月ノ入方ニ、前々更ニ干《ひ》ル事モ無リケル稲村ヶ崎、俄《にわか》ニ二十余町干《ひ》上《あがり》テ、平沙渺々《ひょうびょう》タリ……。（巻十「稲村ヶ崎成干潟《ひがた》事」）

義貞の奉刀の場面を『太平記』はこのように伝える。『太平記』のこの描写で稲村ヶ崎は、その後世にいたり鎌倉の名所に位置づけられた。近代はそうした過去の記憶をあざやかに蘇らせようとした。国民の創られ方を考えるうえで、過去の歴史をどう彫磨《ちょうま》するかは時代の精神の問題でもあるが、近代の国家はこれを教育の場で実現しようとした。

唱歌「鎌倉」はその典型ということになろうか。そしてその冒頭が義貞の稲村ヶ崎から始まることも、明治の近代が歴史になにを見ようとしたかを示唆してくれる。この稲村ヶ崎には、程遠くない過去に建てられた碑文《ひぶん》も確認できる。

稲村崎
今ヲ距ル五百八十四年ノ昔元弘《げんこう》三年五月二十一日新田義貞此ノ岬ヲ廻リテ鎌倉ニ進入セントシ金装ノ刀ヲ海ニ投ジテ潮ヲ退ケンコトヲ海神ニ禱レリト言フハ此ノ処ナ

リ　大正六年三月建之　　鎌倉町青年会

「鎌倉町青年会」の建立《こんりゅう》にかかるこの碑の文言《もんごん》は、多く『太平記』に依拠したことは明らかだろう。建てられたのは大正六年（一九一七）のことだった。のちにもふれるが、この時期鎌倉の各地域に史蹟保存のための碑が建てられている。その数およそ八四カ所にものぼるという（稲葉一彦『鎌倉の碑めぐり』表現社、一九八二）。その栄誉ある第一号がこの稲村ヶ崎の碑だった。中世の伝説的記憶はこうした形でも近代に接木《つぎき》されている。

「稲村ヶ崎から見えるもの」の「見えるもの」が、なんであったかのおおよそは理解いただけたかと思う。以下はこの主題から少しはずれることだが、『太平記』がなにゆえここで龍神・宝剣を舞台装置で登場させたのか、という問題を考えてみたい。単に海と龍神の不可分性を指摘するのみで、ことたりるわけでもなさそうだ。

『平家物語』の安徳帝入水《あんとくていじゅすい》の場面でもそうだが、宝剣は龍神の住む龍宮《りゅうぐう》へと運びこまれるわけで、『古事記』のヤマタノオロチの天叢雲剣《あめのむらくものつるぎ》伝説も頭をよぎる。と、同時にここで想起されるのは弁財天《べんざいてん》との関係だろう。

▲稲村ヶ崎(明治後期〜大正期)
◀「稲村崎」の碑(鎌倉市稲村ガ崎)
▼七里ヶ浜(明治後期〜大正期)

もより衆生済度《しゅじょうさいど》の誓、様々なれば、或は天女《てんにょ》の形を現じ有縁《うえん》の衆生の諸願を叶《かな》へ、
又は下界《げかい》の龍神となって国土を守る誓を現し

これは謡曲《ようきょく》『竹生島《ちくぶしま》』の一節だが、ここからも知られるように龍神と天女（弁財天）の一体化の観念だった。

そしてこの稲村ヶ崎に立つとわかるように、江の島は指呼《しこ》の距離にあたり、『太平記』の作者が語る龍神とは、おそらくはこの弁財天であったと想像される。ちなみに藤沢《ふじさわ》にある日蓮法難《にちれんほうなん》の地「龍口寺《りゅうこうじ》」とは、聖地江の島（龍宮）の入口に位置したところからの呼称だった。稲村ヶ崎もその磯伝いに位置する。

弁財天信仰は龍神とともに、北条氏家紋《かもん》の三鱗《みつうろこ》にも関係する。江の島弁財天が鎌倉北条氏の守護神として位置づけられる理由でもある。『太平記』（巻五「時政参龍榎島事《ときまさえのしまにさんろうすること》」）に載るこの説話（江の島の霊験《れいげん》により三鱗の家紋が北条氏のものとなった由来を記す）を、義貞の稲村ヶ崎龍神説話と結びつけながら考えるならば、つぎのような解釈も可能なのかもしれない。

『太平記』作者の意識には、鎌倉支配の正当性に関し、北条氏から新田氏（後醍醐天皇

側）へと移行することへの隠喩《いんゆ》がなされているのではないか、と。龍神＝弁財天が義貞の黄金の太刀に感応したのは、そうした示唆が含まれていたのではないかと思われる。

## 鎌倉の新名所について

唱歌「鎌倉」には明治国家のお墨付《すみつ》きの名所がほかにも見えている。「鎌倉宮にまうでては、尽きせぬ親王のみうらみに悲憤の涙わきぬべし」と歌われている鎌倉宮もその一つだ。護良親王を祭神《さいじん》としたこの神社は、明治二年（一八六九）に建てられた。別格官幣中《べっかくかんぺいちゅう》社《しゃ》の号があたえられている。

近代の鎌倉に誕生した新たなる名所といっていい。これまた明治の国家が掘り起こした『太平記』関係の史蹟ということになる。この歌詞が語るように大塔宮護良親王の「みうらみ」（御怨）を鎮魂するための社《やしろ》だった。中世には東光寺《とうこうじ》があったとされる場で、この地に親王が幽閉《ゆうへい》されていたことによる。

いうまでもなく護良親王は建武新政の立役者の一人でもあったが、足利尊氏《あしかがたかうじ》との対立で鎌倉に流され、中先代《なかせんだい》（北条時行《ときゆき》）の乱のおりに殺された。「悲憤の涙わきぬべし」とは、そうした歴史への感情移入に裏打ちされている。*

近代が鎌倉という場のなかに見すえようとしたもう一つの「中世」を、ここにも確認できる。この点では葛原岡《くずはらがおか》神社も同じだろう。

日野俊基《ひのとしもと》を祀《まつ》ったこの神社の建立も、同じく近代（明治二十年）のことだった。正中《しょうちゅう》・元弘の変にかかわり、鎌倉に送られ葛原岡で斬られたこの人物は、これまた『太平記』が悲哀の筆致でつづっている。南朝の忠臣として明治十七年（一八八四）に従三位《じゅさんみ》が贈位されている。

現在の源氏山公園の一画にある葛原岡神社は、その三年後の創建ということになる。この時期、明治の国家は歴史の復興・再生に向けての大きな流れのなかにあった。丸山作楽《まるやまさくら》（一八四〇〜九九）・黒川真頼《くろかわまより》（一八二九〜一九〇六）・栗田寛《くりたひろし》（一八三五〜九九）らによる史学協会の設立が、明治十六年のことだった。** 幕末の平田《ひらた》派国学《こくがく》や水戸学の流れをくむ復古《ふっこ》的歴史観も隆盛だったわけで、大きくいえばその潮流に鎌倉が感応したことになる。

日野俊基の贈位や葛原岡神社の創建がこの経過のなかでなされたとすれば、これまた

▲葛原岡神社(鎌倉市梶原)

▲日野俊基供養塔(鎌倉市梶原源氏山公園内)

〝発見された中世〟ということになろうか。そしてこの葛原岡神社でもまた、「鎌倉町青年会」に出会うことができる。

俊基朝臣墓所
藤原俊基朝臣ノ朝権ノ恢復《かいふく》ヲ図リテ成ラズ
元弘二年六月三日北条高時ノ害ニ遭ヒ
秋を待たで葛原岡に消ゆる身の露の恨や世に残るらん
ト永キ恨ヲ留メタルハ此ノ処ナリ
大正六年三月建之
鎌倉町青年会

『太平記』（巻二「俊基朝臣再関東下向事《げこう》」「俊基被誅事幷助光事」）がしるす俊基の無念と悲憤が、ここに再現されていることがわかる。この碑それ自体が、今や文化財と呼びうるほどに古色《こしょく》を帯びはじめている。郷土鎌倉をいつくしみ、史蹟の保存に情熱を費やす青年会の意志が伝わるようだ。

この碑文とならび、そこには俊基を供養したとする国指定の宝篋印塔《ほうきょういんとう》も確認できる

（ただし、これが当初よりこの地にあったか否かは問題もあるらしい。この点、鈴木千歳「鎌倉史蹟疑考」〈鈴木棠三編『鎌倉古絵図・紀行――鎌倉紀行篇』所収、東京美術、一九七六〉を参照）。

ちなみにこの史蹟の国指定にかかわったのが黒板勝美《くろいたかつみ》（一八七四〜一九四六）だった。明治・大正期を代表するこの歴史家は、『国史大系』の編纂《へんさん》でも知られる。葛原岡神社ではこの黒板の講演録が小冊子として配付されている。「日野俊基卿御事蹟に就て」（俊基卿遺蹟保存会）と題するもので、昭和七年（一九三二）のものである。趣旨は鎌倉北条氏の台頭と皇室勢力の衰退の歴史的事情を語り、俊基に代表される反幕気運の高まりの必然性が指摘されている。

講演ということで、いささかの表現のスベリもあったようだ。鎌倉時代の位置づけについて、黒板が「我国史に存在することは国体の上から悲しむべき事」とまで断ずるあたりに、そうした気分がただよっている。

黒板はかつて明治末年に起きた南北朝正閏《なんぼくちょうせいじゅん》論争事件***にさいしては、南朝正当派に立脚し論陣を張った史家の一人でもあった。

＊　「文部省唱歌」の歌詞を検討すれば、明治期の鎌倉への想いがどの局面で濃厚であったのか

を知りうる。そうした材料としてたとえば、坂正臣《ばんまさおみ》『井蛙漫吟《せいあまんぎん》』（明治七年）をあげることができる。平田篤胤《ひらたあつたね》の流れに属した文筆家らしく、鎌倉宮や日野俊基の葛原岡のことなどが、たくみに歌に詠みこまれており、明治初期の王政復古的気分が鎌倉のなかで体現されている事情を知ることができる。この点については、『鎌倉市史』〈近世・近代紀行地誌編〉（吉川弘文館、一九八五）参照。

＊＊　丸山は平田鉄胤《てつたね》門下の国学の流れに属した保守の論客で自由民権運動に対抗し、国粋《こくすい》主義の流れに属した人物。黒川は江戸期の国学者黒川春村《はるむら》の養子で、国文学の方面でも活躍し『古《こ》事類苑《じるいえん》』帝王部などの編纂にも従事した。栗田は『大日本史』（志・表）の編纂に従事、水戸学の中心人物として著名。久米邦武《くめくにたけ》の後をうけ帝国大学文科大学教授となった。

＊＊＊　南北朝正閏論争は、南北両皇統のどちらを正統にするかについての論争。江戸期の水戸学での名分《めいぶん》思想の影響で南朝正統の流れが大きく浮上した。ただ歴史学界では南北朝を対等に記述する立場が一般的であり、教科書もこれに準じていた。

明治四十四年（一九一一）『尋常小学用日本歴史』の南北朝対等の表記が議会で問題化し、「南北朝時代」のかわりに「吉野朝時代」の表記に変更された。文部省教科書編纂官喜田貞吉《きたさだきち》は、その責任を問われ免職となった。この事件についてふれた著作は多いが、拙著『ミカドの国の歴史学』（前掲）も参照。

## 黒板勝美の史蹟保存建白

葛原岡の史蹟保存に黒板が大きな役割を担ったことは、前項にふれたとおりであるが、ここではその黒板の見識が示されている文化財保存にかかわる建白《けんぱく》についてふれておきたい。一般に「黒板建白」と称されるその全文は、明治四十五年(一九一二)五月の『史学雑誌』(第二三〜二五号、のち『虚心文集』〈吉川弘文館、一九三九〜四一〉所収)に掲載されており、歴史家としての考え方を知ることができる。

「史蹟遺物保存に関する意見書」と題するもので、現代風にいえば学会のアピール声明と呼ぶべきものだろう。その核心は史学会大会での決議案——「国家が史蹟遺物の保護をその一部に限定するは、史学の見地よりして全然賛成すること能《あた》はず、現状に鑑《かんが》みて先づ根本的調査の緊急なるを認む」(四月二十八日大会)——を土台とする。

全九章にわたる意見書には、史蹟の意味および分類から、史蹟遺物保存の意義、さらに保存方法が詳《つまび》らかに指摘され、あわせて保存思想の普及を具体化する手だてと、史蹟保存にむけての博物館設置の構想が語られている。

幅広く西欧の史蹟保存の実状を紹介しつつ、保存の意義を具体的に論じるなど、今日の文化財保存の観点からも興味深い内容が含まれている。ここでは史蹟を、(1)人類活動の「不動産的有形物」で歴史・美術の研究に必要なもの、(2)過去の人類活動と関係ある天然・自然物（海岸線・河口河道など）、(3)史蹟として尊重され、社会人に感化をあたえたもの（伝説的、伝承的な史蹟など）の三つに分け具体的分類がほどこされている。*

いずれもが史学の見地より重要とされるものだとするが、黒板あるいは黒板の時代の二十世紀初頭での歴史学の新しさは、おそらく(2)および(3)にこそあったのだろう。(1)が王道としての史学の伝統的価値によるものだとすれば、(2)・(3)は近代という時代が加えたものだろう。

環境にかかわる(2)も、観念の実在性にかかわる(3)も、いずれも近代史学の産物といってよい。黒板建白の特色は西欧史学の潮流に対応するように、(1)とともに、(2)および(3)を加味した点にあった。

とりわけ(3)は黒板がもっともその意義を説くところでもあった。国民を創ること、「国民国家」という近代の普遍的価値は、黒板の独壇場ではなかった。むしろ当時の西欧が認めた価値でもあった。

▲楠木父子の桜井の別れの場面(『太平記絵巻』)

▲黒板勝美

「桜井駅を以て楠公父子決別の処となすは、専門学者の間に論議の存するありとするも、この美談が後世に於ける感化力の偉大なるは争ふべからず」との指摘は、この点を鮮明に語っていよう。それは「国民の風教道徳」への影響力、あるいは「公徳心、愛国心」を養うことにもつながるとする。

今、いささか冗長《じょうちょう》にわたることを承知で黒板建白を紹介したのは、偏狭な国家主義とは一線を画しつつも、黒板の意識が明治後期以降における時代の空気から自由ではなかったことを確認したかったからだ。

さきにふれた日野俊基を祀る葛原岡神社での講演録には、この黒板建白の意識が反映されているとみてよい。

ところでこの黒板建白には今日的観点から注目される内容がもう一つあった。それは史蹟遺物保存の根本理念にかかわる問題でもあった。

別言すれば史蹟指定の方法にもかかわっている。黒板はフランス式のクラッセマン法（史蹟・遺物の等級化による登録）の非を強調し、ドイツ方式の台帳法（等級をつけず登録）を主張する。

そこには全国的・地方的二者の台帳があり、地域の有した史蹟の固有価値を是認する柔軟な思考を確かめうる。それはまさしく、今日レベルの国指定あるいは地方自治体指定の文化財区分に近い形のものということができる**。

黒板建白の重要性は戦後における文化財法施行のはるか以前、地域としての特色を史蹟・遺物保存という形から進言したことにあった。このことは国家意志を史蹟保存を介して実現する方向を明らかにするうえで、重要な提案だった。

それでは肝心の鎌倉にあって、黒板の提言はどのような形で実現したのか。葛原岡の世界はその一つだったことは、いうまでもない。これまでなん度か指摘した鎌倉町青年会の存在も、黒板建白の潮流の大きな流れに属していたとみてよいだろう。

以下の話では、このグループによる史蹟保存運動の中身を考えたい。

＊　分類の全容については、

①皇室関係　②祭祀《さいし》・宗教関係　③政治・軍事関係　④商工業関係　⑤農業山林関係　⑥土木交通関係　⑦教育学芸関係　⑧日常生活関係　⑨先住民族関係　⑩天然状態関係　⑪伝統的史蹟関係　⑫その他、雑類

とする。このうち①〜⑨までが、本文で指摘の(1)の範囲であり、⑩が(2)、⑪が(3)とほぼ対応していることは明らかだろう。このうち①〜⑨を含む(1)の分類については、歴史学固有の要素が

前提となっている。が、⑩天然状態関係（2）に対応）および⑪伝統的史蹟関係（3）に対応）は、分類の趣を異にする。

前者が自然的な歴史遺産であるとすれば、後者は人工的歴史遺産ということになる。とりわけ、黒板はこの伝説・伝承上の史蹟保存について、スイスのウィリアム・テルの伝承を取りあげ、わが国の楠木父子の桜井駅の例をあげるなどして、その喚起《かんき》を提唱する。史蹟・遺蹟保存の近代的発想には、この伝説・伝承上の史蹟を価値として認識する方向があったと考えられる。

＊＊ 保存法自体については、現状保存・復旧保存・模型保存の三者を指摘するが、現在の文化財保存の流れもおおむねこれに沿っていることは明らかであろう。

## 「鎌倉町青年会」のこと

鎌倉の近代を考えることの手がかりは、市内の各所で散見される碑文だろう。すでにふれた稲村ヶ崎でも葛原岡でも目にするものだ。例の黒板建白の史蹟保存運動が、鎌倉という地域で具体化したことの証《あかし》としても重要だろう。

名所・旧蹟に建てられた碑は八〇余カ所にものぼる。大正六年（一九一七）以降、昭和二十年代初頭までの期間に建碑《けんぴ》されたものである。

この建碑運動の背景には、黒板の提唱もさることながら、早く明治三十年（一八九七）の「古社寺保存法」、さらには明治四十四年（一九一一）以来の天然記念物保護運動の影響も大きかった。大正八年（一九一九）の「史蹟名勝天然紀念物保存法」は、そうした流れのなかで結実したものだった。「鎌倉町青年会」を主体とした建碑運動のうねりは、そうした史蹟保存にむけての情熱が形となったもので、その志の高さを現在に伝えている（時期により建碑の主体が「青年団」「同人会」と呼称が異なる）。

碑が建立されているのは、寺社跡・有力武将の邸宅跡・古戦場・川橋・切通《きりどおし》・城跡などで、中世の鎌倉が関係した主要な史蹟が顔をそろえている。建碑されたものの年次内訳をみると、概して大正六年以降の一〇年間に集中しているものの、年次に極端なバラつきはない（なお、戦後になっても「鎌倉友青会」による碑もわずかにあるが、ここでは除く）。

建碑の主体は大正六〜十年（一九一七〜二一）までの「鎌倉町青年会」と、それ以後の「青年団」に分けられる。数例だがこれ以外に「鎌倉同人会」の碑文もあるが、初期の「青年会」段階のものに著名な史蹟碑が多いようだ。*

その「青年会」段階の碑文一七例の内容はつぎのとおり。大蔵《おおくら》幕府・問注所《もんちゅうじょ》・勝長寿院《しょうちょうじゅいん》・日野俊基・稲村ヶ崎渡海地の各旧蹟（大正六年）、段葛《だんかつら》・若宮大路《わかみやおおじ》・幕府・北条執権《しっけん》邸・東勝寺《とうしょうじ》・二十五坊《ぼう》跡の各旧蹟（大正七年）、永福寺《ようふくじ》・足利公方《あしかがくぼう》旧邸・阿仏《あぶつ》邸の各旧蹟（大正九年）、青砥藤綱《あおとふじつな》・太田道灌《どうかん》・宇都宮辻子《うつのみやずし》幕府の各旧蹟（大正十年）、という内訳となる。

要諦《ようてい》を心えた簡潔な文章の中身を云々《うんぬん》するつもりはない。石碑建立の労苦を多としつつも、これが近代という時代に対応した歴史復興・再生の動きの所産であったことも確認されねばならない。確認の中身には、『太平記』的な気分と同居する意識が多分にあったことは明らかだろうが、このことをもって非とするものではない。

〝運動〟とは多くの場合、ある種の信念がなければ結実しないものだ。「鎌倉町青年会」の有志が情熱をかけたこの史蹟保存の運動には「中世を発見すること」を通じて「日本を発見すること」があったはずだ。

ここで想《おも》いだされるのが、明治の政府が主導した「戊申詔書《ぼしんしょうしょ》」（明治四十一年第二次桂太郎内閣がだした国家・郷土への敬愛の念を育てる国民教化のための詔書）である。そこには地域としての郷土のみなおしが提唱され、国家と地域の新たな関係の創出がめざされている。

▲「大蔵幕府旧跡」の碑(鎌倉市雪ノ下)
▶「俊基朝臣墓所」の碑(鎌倉市梶原)

◀「畠山重忠邸址」の碑(鎌倉市雪ノ下)

日清《にっしん》・日露《にちろ》の戦争をへた近代の国家が明治後期から大正期にかけて、「国家」と「国民」をさらに鮮明にするための流れを読み解くこともできるだろう。

文部省唱歌「鎌倉」をかわきりに主題が、尻取りのように広がった。ここで再度「鎌倉」の世界に戻りたい。唱歌の最後は建長・円覚という鎌倉五山《ござん》の名刹《めいさつ》で終っている。ここにも近代の足跡を確かめられるのだろうか。

予想されるように円覚寺においても、近代と出会うことができるようだ。

その前に大急ぎで指摘しておきたいことがある。そのことの確認は、鎌倉の場からものごとを考える意味を、大きな構図のなかで整理するためにも必要なことだと思うからだ。

＊「鎌倉同人会」は史蹟保存を主目的とした「青年会」「青年団」とは異なり、幅広い活動を展開した。その規約に「歴史的事物及ビ勝地保護、衛生ノ普及、風俗ノ改良、産業ノ奨励其他公共ノタメ有益ナル事項ノ遂行」を第一条に掲げた。「同人会」の活動に関しては『鎌倉同人会五拾年史』（昭和四十年）に詳しい。

それによると発足は大正四年（一九一五）で一〇人の発起人で始められたとある。陸奥宗光《むつむねみつ》が明治初年に初代の神奈川県令であった関係で、息男広吉《ひろきち》が療養の地としてここに居を定めたことも大きく、この陸奥広吉や医師の勝見正成《かつみまさしげ》、県知事の大島久満《ひさみつ》などが中心となり、設立されている。「発起趣旨」には「世界ノ鎌倉」にするための方策が語られている。

ちなみに明治二十二年（一八八九）に横須賀線が開通し、名所旧蹟の地としての鎌倉の性格は、保養地・別荘地としての価値が加わり、発展の活況を呈しはじめた（前掲『五拾年史』）。さらにこの時期から流行する「海水浴」が大磯《おおいそ》をしのぐことになり、こうしたことも郷土鎌倉の保全・保存・整備の意識につながったようだ。

## 「王政復古」の配当

以下での話は鎌倉から少しはずれる。いささか抽象的論議となるが、ふれておかねばならない。

明治の国家は誕生するにさいし、二つの出生証があった。「開国和親《わしん》」のスローガンに象徴された万国《ばんこく》主義とでも呼びうる方向が一つ。そして二つには「王政復古」に象徴される内国《ないこく》主義である。座標で表現すれば前者は水平軸（x軸）であり、後者は垂直軸（y軸）

ということになる。

それはまた普遍性・国際性という同時代的広がりを有した文明主義の前者と、特殊性・民族性（個別性）に還元される文化主義の後者という区分も成り立つ。

この両者の方向は、近代の明治が生まれた段階でその内部に宿されていたものだった。が、現実にはいずれかが鮮明に顕在化した時期と、潜在化していた時期があった。

一般的にいえば明治前期（明治二十年代以前）までは、文明主義（開化・万国・国際）を是《ぜ》としたとみてよいだろう。イギリス・フランス流に範を取った文明主義的思考は、学問の分野を含め種々の面で確認される。対して明治後期以降は、文化主義（民族・国家・地域）への傾斜が強まる。ドイツ流を手本とした潮流が、歴史学を含めた各方面に影響をあたえることになる。すでにふれた黒板建白もその点では、文化主義の流れに位置づけられる。

より簡略に表現すれば後者の文化主義とは、民族や国家の個有性に価値をみいだすこと、要は〝日本を発見〟する意識につながるわけで、歴史への問いかけという行為も、中世を発見する方向も、右の文化主義的思考（垂直軸＝民族の古層）と無縁ではなかった。

明治後期はこうした歴史の古層《こそう》の掘りさげのなかで、日本的価値を再発見してゆく段階ということになろう。かつて「王政復古」を出生証としつつも、万国・国際主義（文明主

▲伝新田義貞像

▲楠木正成像

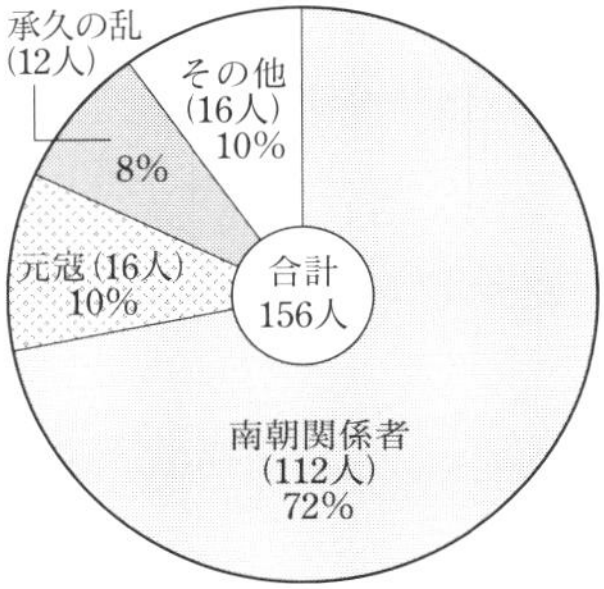


近代における武人の贈位の理由と割合

義）を旗印にかかげた明治前期は、それを前面に押しだすまでには至らなかった。〝封印〟という語感が適切か否かの議論もあろうが、これに近い形で前期は「天皇」を胎内で育んだ。「王政復古」の配当は一部では廃仏毀釈《はいぶつきしゃく》などにあらわれたが、小さかった。「王政復古」の意味ある配当は、なん度かふれたように「国民」を創出するなかで実現されていった。

明治三十年代における国定教科書の登場は、その配当を教育の場で具現化したものということができる。文部省唱歌から確かめられるささいだが、重要な諸点のいくつかは、いずれも右に述べたことを裏書きしていよう。唱歌「鎌倉」に埋め込まれた歴史への記憶が、この時期以降しだいに輪郭を明らかにするのも、それと無関係ではない。

「王政復古」の配当を鮮やかに語るものが、明治・大正の政府による贈位《ぞうい》運動だろう。これは歴史上の人物たちについて、その功績に従い位階《いかい》を追贈《ついぞう》したもので、近代国家の歴史への意志を語るものだった。

『贈位諸賢伝《しょけんでん》』（田尻佐著、近藤出版社、一九二七）には、明治初期から昭和十九年（一九四四）までに贈位された歴史上の人物たちの履歴が収録されている。ここに載せられている人物は二千数百人におよぶ。

いうまでもなく、位階とは王権（天皇）との政治的距離を示している。その治績《ちせき》を勲功《くんこう》度にもとづいて五位《ごい》から一位《いちい》（律令《りつりょう》の規定では五位以上を広く貴族とする）までふりわけ、贈位の対象とした。したがって史実のうえでは、位階をもたぬ人物でも近代の国家はこれを顕彰した。

分析の詳細は別に指摘したので（前掲『ミカドの国の歴史学』）、ここでは行論上で必要と思われる点のみを略記しておく。

①贈位対象者の数――過半は維新功労者であり、残りの贈位者の圧倒的多数が中世の時代に活躍した人物であること。

②贈位者の時期――明治九年（一八七六）の楠木正成や新田義貞をかわきりに、明治三十年代以降、大正期に贈位対象者が激増の傾向にあること。

③贈位の理由――中世に多い贈位者たちの贈位理由の内訳を調べると、南朝の忠臣たちが多いこと。ついで蒙古襲来《もうこしゅうらい》関係そして承久《じょうきゅう》の乱の関係者という順となる。

以上の三つを確認できる。ここから推測されるように、『贈位諸賢伝』が語る内容はまさしく「王政復古」の配当にほかならない。①からは先に述べた〃中世の発見〃を確認できるであろうし、②からはその中世のなかでも〃もう一つの中世〃が提供されていることに気づくであろうし、③からは近代の出生証という場面で、明治後期以降が文化主義（日本の見直し）と連動していたことが理解できるであろう。

## 勝ち組と負け組のパラドックス

『贈位諸賢伝』からうかがえる三つの特色には、近代国家の物差しがはっきりと示されている。南朝―蒙古襲来―承久の乱のラインに贈位者が集中しているのは、それを明瞭に語っている。

すでにふれたが、この時期の国定教科書には「建武中興」の表現が多い。歴史上の事件名の表記は、歴史教育を考える場合なおざりにできない問題でもある。この「中興」意識は吉野朝の表現変更と同一線上で解されるべき問題だった。皇統の連続性に力点がおかれた表現であり、そこに「王政復古」を標榜した近代の国家の意志が確認できる。

同様なことは贈位者が多かった承久の乱にもあてはまる。現在用いられている承久の乱

► 後醍醐天皇像

◄ 伝足利尊氏像

の呼称は、明治前期に多い。国定教科書の登場する明治末期は多くに「承久の変《へん》」とされた。あくまで皇室の異変・変事（後鳥羽院《ごとばいん》以下三上皇《じょうこう》の配流《はいる》）にこそ、力点がおかれたことによる。

公武《こうぶ》権力の構造的転換を意味したこの事件は、今日では承久の乱が常識となっているが、戦前の国定教科書期にあっては必ずしもあたり前ではなかった。当然そこにあっては「建武中興」意識のなかで足利尊氏が反逆者とされたように、「承久の変」意識からは北条義時《よしとき》もまた同様の扱いを受けた。

明治後期以降、顕在化する国家主義＝文化主義的気風が教育の場で画一的価値を主張し始めた事情を、このような歴史用語の問題から認めることができる。「王政復古」の配当は明治後期以降、高値を呼びそして量を拡大していった。

そこでは中世の発見と封印《ふういん》が表裏の関係として存在した。勝ち組と負け組が選別された。その尺度は天皇と国家への忠節度という一点にかかっていた。尊氏も義時も封印・封殺《ふうさつ》されるべき存在となった。史実のうえでの勝者は、近代国家の歴史観のなかでは、負け組に参入されることになる。

こうしたパラドックスをすべて近代の国家なり権力の責任に帰させることは、正しくない。尊氏にしろ義時にしろ、尊王主義の建前からすれば江戸期（とりわけ水戸学の立場）以来から誅筆《ちゅうひつ》の対象にされたからだ。

維新での「王政復古」は、国家の立場でこの運動を推進させることになった。明治後期の文化主義的路線は、歴史（時間）という垂直軸方向に価値をみいだすことで鮮明とされたからである。*

ことあらためて指摘するまでもないが、文明主義なり文化主義の方向はどの時代にも併存している。要はどちらが主旋律となりえるか否かで方向性が定まる。

明治後期におけるナショナリズムの台頭は、武家の古都鎌倉を再生・浮上させることとなった。とりわけ国定教科書（唱歌・歴史）の分野や地域有志グループ（青年会・同人会など）、あるいは学校教育・社会教育のレベルで大きな広がりをもつに至った。**

* このことの例示として適切か否かは定かではないが、以下のような話が、前掲の『鎌倉同人会五拾年史』に載せられている。

同人会では発足当初より、若宮大路の松並木の保存や段葛の修復を計画し、実行していたが、これと併行して史蹟保存も推進していたという。そのおり葛原岡にある日野俊基の墓の修理とともに、東勝寺の腹切やぐら（腹切窟）の保存も提案されていたことが記されている。

その理由として「窟中には高時《たかとき》の墓と称するもの其他多くの五輪塔があったが、遊覧客の中には、高時というだけでこれを壊倒し、破壊して得意がる輩《やから》もあり、窟は荒れ放題となっていたのを、史蹟保存の意味で保護したのである」（同著三〇・三一頁）と記されているのは、当時の庶民意識や風潮を考えるうえで興味深いものがある。その限りでは高時もまた逆臣として人びとの歴史意識に定着していた。こうした歴史意識が一朝一夕《いっちょういっせき》にして形成されるわけではなかった。江戸期以来の流れがあったことを改めて確認しておきたい。

なお、その腹切やぐら保存にさいし、「同人会」では「心ない輩に反省を求める」という意を込めて「高時不臣ノ振舞ハ別トシテ、彼等ガ其ノ主家ニ殉ゼシハ鎌倉武士ノ壮烈ヲ想ハシメ誰カ一掬《すくい》ノ涙ナキヲ得ンヤ、弔古ノ士幸ニ史蹟ヲ受惜セラレンコトヲ冀《こいねが》フ」との建札《たてふだ》を記したという。ここでは高時の「不臣」を認めつつも、「主家」への忠義という徳目こそに史蹟保存の意義がシフトしていることにも注意したい。ここにもまた時代の意志が投影されている。

＊＊　明治後期には地域としての歴史を見なおすという郷土史教育が盛んとなる。『東京府郷土史談』（明治二十五年）、『秋田県小史』（明治二十六年）、『肥後史談』（明治二十七年）、『愛媛県史談』（明治二十九年）などがその代表だろう。これらの内容および意義については前掲『日本教科書大系』（近代編　歴史）を参照。

多く「史談」の名で親しまれているこれらの教科書は、国定制以前の検定制段階のものだが、郷土愛の同心円的広がりが国家愛へとつながっていく流れを確かめられよう。その多くは名所旧蹟・神社仏閣・人物を軸に編纂されており、江戸期における往来物や地誌類の延長としての性格も強いようだ。その限りでは、日本の発見とともに郷土（地域）の発見という意識が同居していたともいえる。

## 円覚寺と北条時宗

ふたたび唱歌の世界である。例の「鎌倉」の最後は北鎌倉の名所が登場している。円覚寺そして建長寺である。この両寺については「鉄道唱歌」にも登場していた。鎌倉における名所中の名所だった。その円覚寺に関していえば、ここが北条時宗《ときむね》の開基《かいき》にかかり、塔頭《たっちゅう》仏日庵《ぶつにちあん》にはその位牌《いはい》が安置されている。北条時宗は鎌倉北条氏にあって、例外といってよいほどに近代の国家が、その意義を高く評した人物だった。

理由はなにか。「元寇《げんこう》」という国難を乗り切った人物としての評価が大きいようだ。前述の『贈位諸賢伝』によれば、明治三十七年（一九〇四）に従一位が贈位されている。北条氏関係では、大正四年（一九一五）に北条（金沢《かねさわ》）実時《さねとき》が、学問的分野での功績から正《しょう》五位の贈位がある程度できわめて珍しい。

時宗が贈位されたこの時期は、おりしも日露戦争の年にあたり、対外的緊張が高まっている段階だった。そうした時期に「異国合戦」（文永《ぶんえい》・弘安《こうあん》の役《えき》）に勝利した時宗を顕彰することは、国民精神の高揚にもつながったはずだ。円覚寺の山門《さんもん》をはいり、舎利殿《しゃりでん》さらに仏日庵へと進む道すがらに、「贈従一位北条時宗公御廟址」の碑柱が立っている。

> この元寇は、実にわが国はじめての大難であつた。（中略）また、時宗は、非常な決心で事にあたり、国民は皆一体となつて奮ひおこり、上下よく心を合はせて、たうたうこの強敵を追ひはらふことが出来たのである。これから後は、元は二度とわが国をうかゞふやうなことはなかつた。かたじけなくも第百二十二代明治天皇は、時宗の大功をお褒《ほ》めになつて、特に従一位をお贈りになつた。
>
> （『尋常小学国史』）

国定教科書に引用されたこの時宗の記述からも、贈位の事情は明らかであろう。国難＝対外的危機が民族意識の高揚に作用したことを踏まえるならば、この時宗以外にも元寇関係者が贈位されていることは、注目されねばなるまい。

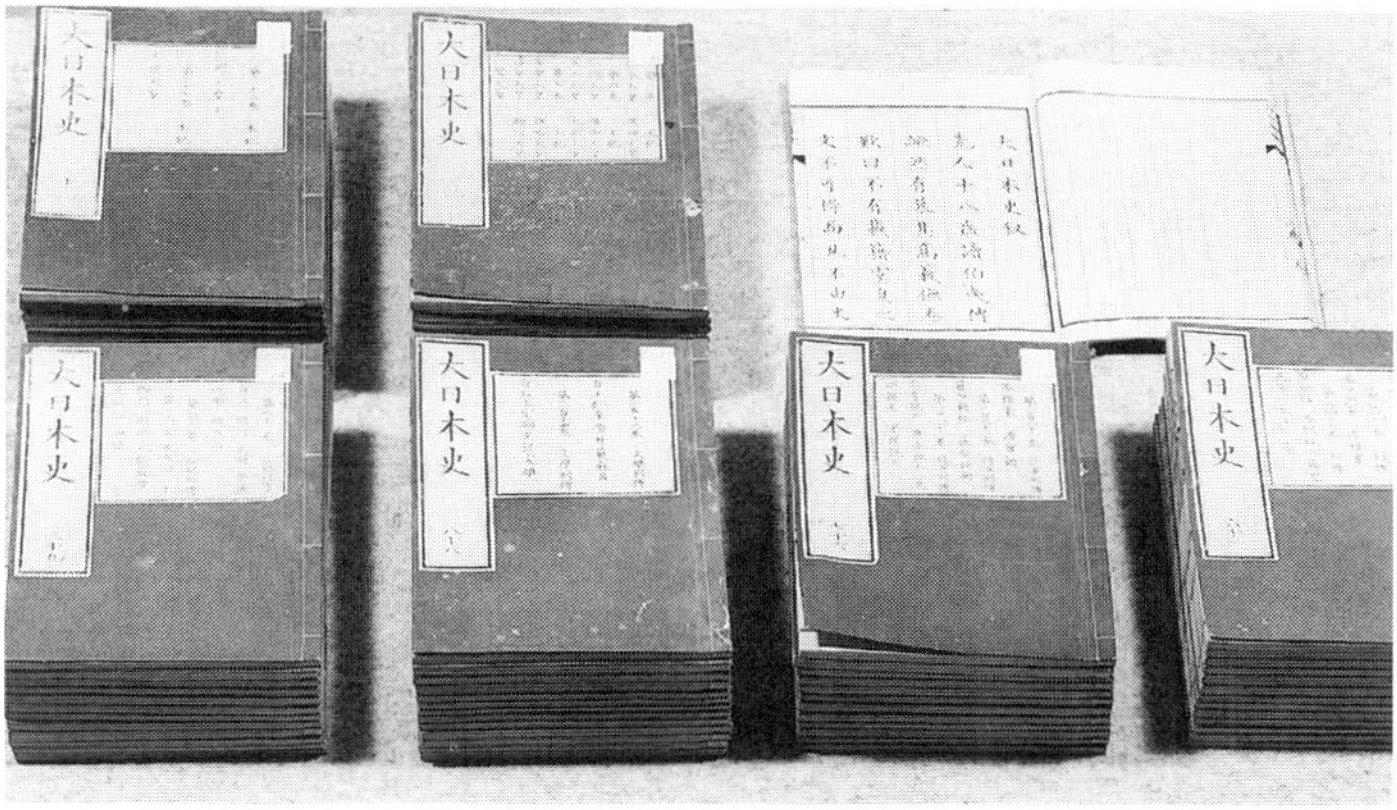


▲『大日本史』(稿本)

◄円覚寺の北条時宗の碑(鎌倉市山ノ内)

宗景隆《そうかげたか》（明治二十九年）、島津久経《しまづひさつね》（明治四十年）、少弐資能《しょうにすけよし》・景資《かげすけ》・竹崎季長《たけざきすえなが》・菊地武房《きくちたけふさ》（以上大正四年）、河野通有《みちあり》・斎藤資定《すけさだ》・少弐経資《つねすけ》（以上大正五年）、大友頼泰《よりやす》・大友貞親《さだちか》・大矢野種村《おおやのたねむら》（以上大正十二年）、平景隆《たいらのかげたか》・草野経永《つねなが》・白石通泰《みちやす》（以上昭和六年）といった具合である。

多くが『八幡愚童訓《はちまんぐどうきん》』や『蒙古襲来絵詞《もうこしゅうらいえことば》』に登場する人びとである。なおここに引用した『尋常小学国史』は国定教科書第三期のものだが、明治末・大正期以後の呼称はこの「国史」が一般的となる。この語が含意する意味をくどくど指摘する必要もあるまい。

さらにいえば「元寇」という表現である。中世は「異国合戦」と表現されていたこの事件を、「元寇」と呼称したのは江戸期の『大日本史』によっている。神功皇后の即位・大友皇子の即位（弘文《こうぶん》天皇）・南朝の正統性などを強調するその立場は、名分《めいぶん》主義によっていた。

「倭寇《わこう》」に対抗すべく造語された「元寇」は、まさしくナショナリズムの結晶とみてよいだろう。そうした江戸後期以降の潮流がその後の尊王思想と結合し、「王政復古」を実現させることになる。近代はその『大日本史』的余熱を受け継ぐ形でスタートした。「元寇」の呼称が定着し、市民権をあたえられたのは近代国家の教育の成果でもあった。*

＊　なお、小学唱歌「元寇」は日清戦争前後の作とされているものだが、これまた対外的危機意識と結びつく雄壮な言葉が散りばめられている。「弘安四年夏の頃、なんぞ怖れん我れに鎌倉男子あり、正義武断《ぶだん》の名、一喝して世に示す」とみえており、鎌倉武士の武勇が鼓吹《こぶ》されている。本文を含め「元寇」をめぐる諸問題については、拙著『神風《かみかぜ》の武士像』（吉川弘文館、二〇〇一）にもふれておいたので、参照されたい。

## 霊山と細菌学者コッホ

鎌倉のなかに近代をみいだすという場面でいえば、細菌学者コッホの記念碑がある霊山《りょうぜん》もそうだろう。近代の鎌倉が海浜《かいひん》保養地として注目され、多くの別荘がたてられた。その間の事情については、すでにふれた『鎌倉同人会五拾年史』あるいは『鎌倉名勝誌』（一九一六）などに示されている。＊

ここでコッホに注目するのは、文化主義としての手本をドイツに求めた医学の世界が、鎌倉とどのように連動するかを確かめたかったことによる。

明治四十一年（一九〇八）、世界的に著名なこの人物は鎌倉を訪れた。その様子は『細菌学雑誌』臨時増刊「ローベルト・コッホ氏歓迎記念号」（前掲『鎌倉市史』所収）に詳しい。それによると長与専斎《ながよせんさい》・北里柴三郎《きたざとしばさぶろう》らの案内で、コッホは江の島をはじめとした鎌倉の名所を散策したとある。

霊山の頂《いただき》にある角柱の記念碑は、そのおりのものである。ここから眺望する由比ヶ浜や江の島、さらには和賀江島《わかえじま》・光明寺《こうみょうじ》方面の絶景は大なるものがあったと思われる。前述の『鎌倉名勝誌』には、鎌倉宮・葛原岡神社といった近代の新名所の紹介につづき、霊山公園・長谷公園のことも記されている。

霊山に関しては「大正元年九月、コッポ博士の碑をその山頂に建て、更に霊山一帯を修復して桜を植え、草木を育てゝ、今日の如き公園が出来上がったのである」と叙《じょ》している。ここにはコッホのこととともに、〝公園〟という西欧流の思想が、名所として登場しているることに、興味がわく。

鎌倉でのコッホの世話役長与専斎は「鎌倉海浜院創立趣意書」（明治二十年、前掲『鎌倉市史』所収）の筆者としても知られる。幕末に緒方洪庵《おがたこうあん》の適塾《てきじゅく》に学び、ポンペに就いて西

▲鎌倉海浜院(明治後期〜大正期)

▲霊山崎(仏法寺)の発掘

欧医学をおさめた専斎は、明治四年（一八七一）の岩倉《いわくら》使節団において、文部理事官として海外の医学事情を視察している（前掲『鎌倉市史』児玉幸多解題参照）。わが国の衛生行政の泰斗《たいと》として、コッホの招聘《しょうへい》にも尽力したのだろう。

「抑鎌倉ノ地タルヤ東北山ヲ周ラシ、西海ヲ控へ、暑寒共ニ平和ニシテ冽寒酷熱ノ苦ヲ知ラズ」として、その気候の順良なることを指摘し、東京からの至便さとあいまって史蹟景勝の豊かさが、欧風のサナトリウムに適合しているとする。この海浜院創立に向けての長与の想いも、近代の鎌倉が共有したものだった。

霊山の頂に大正初年に建てられたコッホの碑から垣間《かいま》見られることどもにふれた。ところでここにふれた霊山とはなにか。前述の『鎌倉名勝誌』が語るところには、「霊山崎はもと極楽寺の境内であり、極楽寺を霊山といったので、この崎もかく名づくと。又こゝに極楽寺の開祖の住した寺があり忍性も日蓮も此処で雨を祈ったという」と記されている。

江戸時代の『新編鎌倉志』を引用しての解説だが、この地の来歴《らいれき》が過不足なく示されていよう。加えてこの山上は、『梅松論《ばいしょうろん》』によれば新田義貞が鎌倉攻めにさいし、布陣した地であり、近代が〝名勝〟としたことの理由も示唆されている。

『鎌倉名勝誌』には、霊山の山腹から「北条時代の墓石」が発掘されていることにふれ、ここが極楽寺《ごくらくじ》の開祖忍性《にんしょう》（一二一七〜一三〇三）が住した仏法寺《ぶっぽうじ》の跡であったことも指摘されている。ちなみに、この霊山の仏法寺跡については、昨年（二〇〇二）鎌倉市教育委員会で発掘がなされ、ここから大量の柿経《こけらきょう》が出土している。**

忍性に関しては、よく知られるように、師の叡尊《えいそん》とともに真言律宗《しんごんりっしゅう》の復興に力を注ぎ、北条時頼《ときより》・長時《ながとき》の帰依《きえ》を受け鎌倉で戒律《かいりつ》を広めた。極楽寺はその忍性の開基とされるが、霊山の頂に近い仏法寺跡からは、極楽寺が津料《つりょう》その他の管理を幕府より委託された和賀江島（人工の築造港）が一望でき、まことに適地たることも確認できる。

＊　大正五年（一九一六）の『鎌倉名勝誌』には「鎌倉町今日の繁栄は半ば別荘による」と指摘されており、同様な記述は明治四十五年（一九一二）の大橋左狂《さきょう》「現在の鎌倉」（『鎌倉市史』所収）にも載せられており、近代における鎌倉の顔を知ることができる。『鎌倉名勝誌』の著者佐成《さなり》謙太郎は、国文学者として『謡曲大観《ようきょくたいかん》』（全七巻、明治書院、一九六四）の大著でも知られている。

＊＊　この発掘にたずさわった鎌倉市文化財課の福田誠氏によれば、仏法寺跡の遺構は山陵部の平場（東西三〇メートル、南北七〇メートル）から確認され、出土の柿経は数千におよぶとい

う（「五合枡〈仏法寺〉発掘調査報告書」鎌倉市教育委員会、二〇〇三）。ついでながら霊山──極楽寺はその後方に江の島をひかえており、この地の宗教的聖地性を考えるうえで、種々の連想がうかぶ。鶴見大学の岩橋春樹氏によれば、光明寺からこの極楽寺（霊山）を経て江の島へのアプローチは、鎌倉における補陀洛《ふだらく》信仰の拠点であったとの趣旨のことを指摘されている。光明寺近傍の補陀洛寺の存在を考え合わせれば首肯されるべきだろう。

## さらなる発見、もう一つの中世

鎌倉の地が中世という時代の象徴である以上、「近代」という時間枠のなかに、中世がどのような形で接木されているか。これがここでの主題──「中世を発見すること」──の意味でもあった。

すでにふれたように、近代国家にとって中世の古層をボーリングしたときに、教育や学問の分野でなにを発見できたのか、おおよそは明らかにしえたかと思う。

このことを確認したうえで、以下の事柄についても問われなければならない。近代がみいだした〝もう一つの中世〟のことを。要は外への視線《まなざし》のなかで浮上してきた世界——ヨーロッパ中世——である。

外への視線が内に反射し、ナショナリズムを喚起する。近代明治が経験した日清・日露の戦争は、わが国の転換点の一つとなった。

脱亜入欧《だつあにゅうおう》の意識をその二つの戦いは加速させた。ナショナリズムの行方は歴史を媒介に、一つはわが国の中世にその光源を見つけることだった。この場合の「中世」とは、武家政治にくさびを打ち込む形で、王権を再生・中興させた建武の時代への望郷こそが、その中身にほかならなかった。「王政復古」で天皇を再浮上させた近代国家にとって、南朝・元寇・承久以外はかえりみられない世界ということになる。このことはなん度かふれた。

そして、二つはこれまたナショナリズムと同根だが、ヨーロッパ中世に日本を接合させる試みだった。封建制という概念を介して、日本が西欧の疑似体験を日本の歴史のなかに見いだすこと、これを通じ日欧の歴史的同居性を確かめることだった。*

進歩の象徴たる西欧への仲間入りを果たすことで、脱亜を達成することをめざしたのである。問題はこのことと、鎌倉がどのようにかかわっているのかという点である。結論を先取りすれば、それは西欧封建制の日本への適用（発見）により、武家（武士）を再発見することでもあった。鎌倉が武家の故郷として、脚光を浴びることのさらなる意味は、この問題と深くかかわる。

西欧経由での封建制の発見は、非アジア的要素を日本の歴史のなかに見いだすことで、その後のナショナリズムの方向性を決定づけた。このことの深い意味を問うことは別にゆずるとして、それが学問の分野にあたえた影響について少しだけ考えてみよう。**

たとえば「中世」という普遍的時代概念が登場したのは、やはり明治も後半に入ってからだ。少なくとも歴史学の分野でこれが書名となったのは、原勝郎《かつろう》『日本中世史』（冨山房）からだった。日露戦争の明治三十九年（一九〇六）のことである。内田銀蔵『日本近世史』（冨山房、一九〇三）ともども、近代史学史のうえで画期となった仕事ということができる。

この両人は前にふれた黒板勝美や喜田貞吉とともに、草創期帝国大学の国史・史学科の同期生でもあった。「中世」なり「近世」という時代概念に「日本」を冠したことは、そこに西欧を発見し、同時に日本も発見することにつながることになろう。

▲原勝郎

◀田口卯吉

▼『日本開化小史』

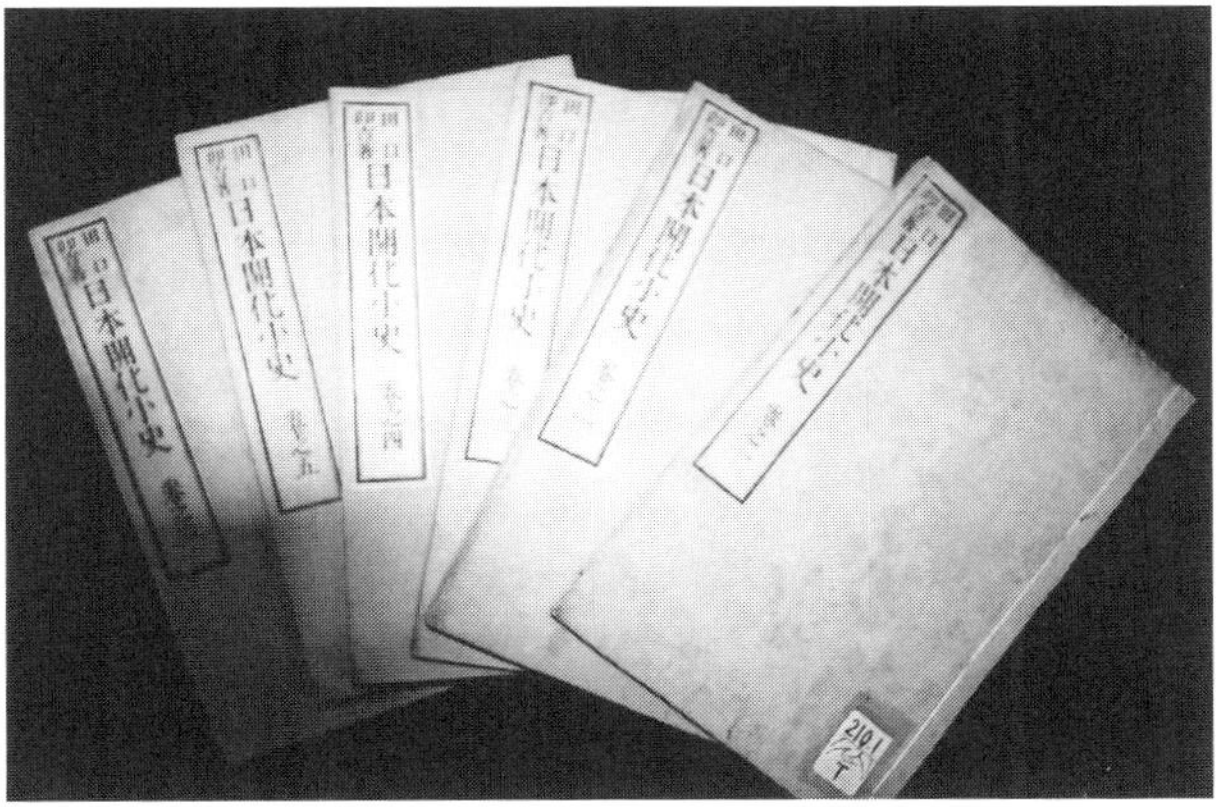

まさにそれはナショナリズムの帰結だった。『日本中世史』にあっては、粗野な東国のエネルギーに注目し、東国を基盤とした源氏による政権樹立の必然性が指摘されている。それは同書でしばしば指摘するところのタキトゥスの『ゲルマニア』との比較にみる東国＝ゲルマニア観であった。粗野ながら健全な活力のみなぎる東国の武家の台頭が、新しい中世という時代を開幕させる。ここにはゲルマニア（＝東国）、ローマ帝国（＝畿内・京都）が対比されている。

日本と西欧との同一性を中世＝封建制に求める発想が、近代日本の内なる願望であったことからすれば、歴史学の世界でこのことを問い直した意味は大きかった。

＊　この場合の封建制とはフューダリズムやレーエン制的概念をさす。一般に「中世」あるいは「封建制」という概念が西欧からの訳語として定着したのは、明治も後期になってからのことだった。たとえば封建制に関しては、元来は中国の政治統治の方式である郡県制と対比される概念として、秦漢時代から用いられていた。近世江戸期も当然この封建（地方分権）と郡県（中央集権）のことが史論書にみえる。

近代に入り明治初期のころの史論書などには、西欧的封建制概念導入以前でもあり、中国的概念での封建制が用いられたりもした。たとえば、福沢諭吉とともにわが国に文明史論を紹介した田口卯吉《たぐちうきち》『日本開化小史』(一八七七~八二)には、「鎌倉政府は斯る大小名の武功によりて創立する所なるを以て、彼の次第に増進せる封建の勢を滅消し、之を郡県の有様に復す事は、素より其威力の及ばざる所なり」(第四章、岩波文庫)とある引用部分からも、この語の用いられ方は明らかだろう。この封建制概念が西欧流のものに変化するのは、本文でも指摘したように明治も後半以降ということになる。

＊＊ この問題と多少関係があるかもしれないが、たとえばわが国の思想史分野で多大の功績を残した丸山眞男《まさお》の見方は参考になるだろう。「武士のエートスとその展開」(『丸山眞男講義録』第五冊所収、東京大学出版会、一九九九)において、丸山は中国・朝鮮をはじめ他のアジア諸国と日本の最大の違いを歴史的に武士の存在に求めた。「私的な土着的戦闘集団」としての武士が「自立的集団」を形成したことで「長期の事実上の政治権力」を掌握したこと、これが地域的分権化の前提として作用し、近世幕藩体制を生みだしたことなどを指摘。

丸山はまたこうしたことが、中国に代表される巨大な官僚機構による命令系統の複雑性から日本を自由にし、情報制度の均一化と促成化を可能とさせ、結果として近代への移行を容易にしたと指摘する。

むずかしい丸山の理論をこうした形で要約することに不安もあるが、大枠において誤りはないと考える。加えて丸山も指摘するように、武士道の観念的変化が日清・日露の軍事力を中核とする近代日本の急激な勃興の背景をなしたとして、常識化した武士道が近代日本のこの時期の所産であったことも示唆している。

筆者がここで丸山をもちだしたのは、明治後期における「封建制の発見」の意味を、武士に連動させることの意味を考えたかったからである。鎌倉に焦点をすえることで、〝地域的文脈〟にこの問題を還元させることにもなろう。

## 『頼朝会雑誌』について

日本のなかに西欧を発見し、入欧への想いを歴史へ問いかけたとき、中世という時代が浮上する。封建制が、あるいは武家の政権が着目される理由だった。*

明治末期のこうした学問界での動きは、武家それ自体を研究の対象とする動向をはぐくんだ。当然ながらそれは、武家の首長たる頼朝への関心に連なることになった。

前述した大正期以来の鎌倉町青年会の建碑運動の底流には、このような時代の思潮もあったと思われる。そうしたなかで、鎌倉を学問的な場で論議しうる状況も成熟していった。

昭和初期の『頼朝会雑誌』（昭和五～九年〈一～一二号〉のち復刊、歴史図書社、一九七〇）

はその代表だった。尚武《しょうぶ》的気運が隆盛となりつつある時代のなかで、鎌倉を磁場《じば》として発刊された雑誌ということができる。ここでいう磁場とは、郷土史やその愛好者を吸引しながら、広く学術関係者も加えた大きな場という意味である。

大森金五郎を中心に辻善之助《つじぜんのすけ》・三上参次《みかみさんじ》・三浦周行《みうらひろゆき》・喜田貞吉などの著名な歴史家の参加もあって、在野《ざいや》史学との交流が進んでいった。**

さらには頼朝時代を中心に中世の鎌倉にかかわる歴史・文学のさまざまを論ずる場としても、この雑誌は大きな意義をもった。各号とも「口絵」につづき「論説」があり、「文《ぶん》苑《えん》」（古くからの鎌倉を読み込んだ和歌・漢詩・俳句や会員の作品も紹介）、さらに「雑報」（会員の講演および史蹟巡覧記など）、および「会報」という構成をとっている。

全巻を通覧して気づくのは、学際的要素が加味され、史学・文学・美術・芸能など多方面からの関心で構成されていることだろう。旅行記の多くやそこに掲載されている写真には、鎌倉をそして頼朝を敬愛する人びとが集う場としての性格があふれているようだ。

　史を按ずるに、鎌倉幕府の開設は、大化の改新及び明治維新の鴻業と共に、我邦の三大政変と称せられる……況や頼朝に対する世評の多くが私情に駆られて、未だ厳正公平なるものあるを聞かざるは、吾等の最も取らざる所なり。是れ吾等が頼朝会を起こして、頼朝研究に志せる所以なり。

昭和五年（一九三〇）十二月の「頼朝会」の発刊の辞からの引用だが、ここにその趣意が鮮明に語られていよう。そこには判官贔屓《はんがんびいき》的世界からの脱却をめざす方向が示されており、近代史学の成長を見いだすことができる。

こうしたなかで、雑誌『鎌倉』が登場したことも注目される。鎌倉による鎌倉のための学術雑誌ともいうべき内容で彩られている。鎌倉文化研究会が昭和十年から十六年にわたり、編集・発刊したもので、そこには「鎌倉史蹟巡り会踏査録」（①〜⑲）が各号ごとに載せられるなど地域史の独自性が鮮明に示されている。

また歴史学の分野で、この時期自立しつつあった考古学が鎌倉の場で登場の機会をあたえられた。赤星直也《あかぼしなおや》を中心とした発掘調査の成果が、この『鎌倉』で発表されるにいたった。鎌倉考古学の黎明《れいめい》がこの時期に訪れたといえる。

地域ナショナリズムの結晶という面でいえば、ここにふれた『頼朝会雑誌』や『鎌倉』はこれを象徴していよう。だが、一方で明治後期以降の文化主義への傾斜が、日本の発見

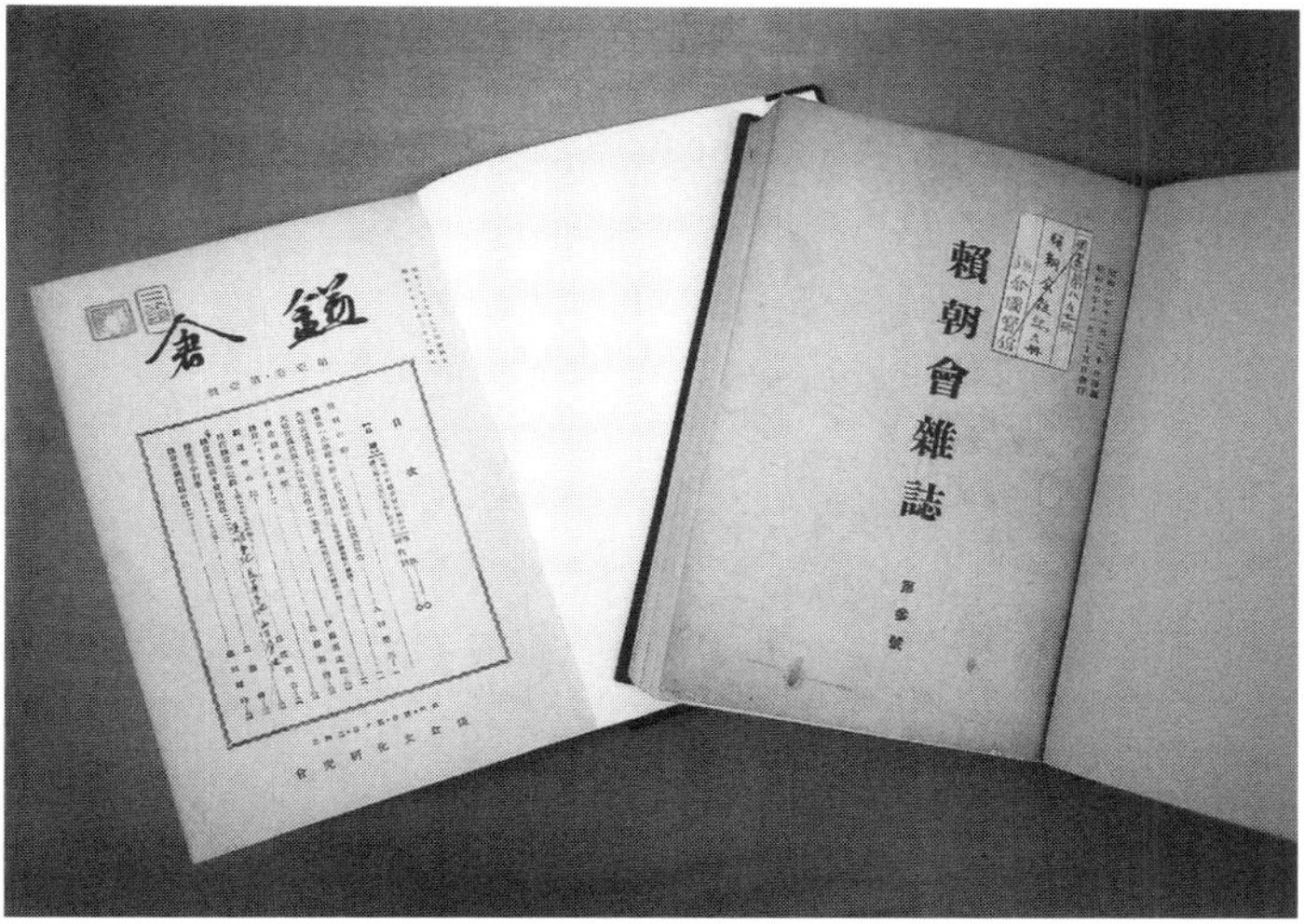

▲『頼朝会雑誌』(右)と雑誌『鎌倉』

に連動するなかで、国家主義への方向へと大きく歩みだしたことは否定すべくもなかった。近代は鎌倉を媒介とすることで、『太平記』的世界が語る南朝的中世を演出した。だが、西欧封建制への同居性を問うなかで、中世それ自体を問題とする歴史意識を育んでいった。もう一つの中世の発見とは、頼朝に代表される武家政権の非アジア性を見いだすことにほかならなかった。

これまで指摘したおおよそを約言すれば、このようになろうか。Ⅱ章では時代をさらにさかのぼり、近世江戸期における鎌倉を考えておこう。

＊　比較法制史の立場からの中田薫「『コムメンダチオ』と名簿捧呈の式」（『法学協会雑誌』二五、一九〇六）あるいは、経済史の福田徳三『日本経済史論』（宝文館、一九〇七）などの研究がある。いずれも日欧の封建制の類似点に着目した成果だった。この問題に関しては、拙著『武士団研究の歩み』1（新人物往来社、一九八八）、『武士の誕生』（日本放送出版協会、一九九九）などを参照。

＊＊　大森は名著『武家時代之研究』（冨山房、一九二三）をはじめ頼朝や鎌倉関連の論考が多数あり、『頼朝会雑誌』の牽引的役割を担った歴史家だった。その研究姿勢は、歴史地理的な思考と政治史を巧みに融合しつつ、実証主義の立場が貫かれている。

＊＊＊　ここでいう近代史学の成長とは、歴史上の人物を道徳的尺度で論評する江戸時代的状況とは決別しているという意味である。このことは頼朝の評価において、はっきりとしている。たとえば、この『頼朝会雑誌』（一七〜二〇号）には、牧建二が『史林』に発表した「源頼朝に対する評論」が転載されているが、この牧論文には西欧流の封建制度論に立脚した、頼朝・幕府論が提起されており、戦前における頼朝論の到達点を知ることができる。なお牧建二の諸業績と史学史上の位置づけについては、拙著『武士団研究の歩み』1（前掲）を参照のこと。

# II

# 近世は鎌倉になにを残したか

「平潟落雁《ひらかたのらくがん》」(歌川広重画 「金沢八景」)

## 江戸の古都鎌倉

ここでの主題は、近世の鎌倉像を考えることである。このことの意味を問いなおすことは、武家あるいは幕府なるものがどのように考えられてきたのかを、知る手がかりともなるからだ。

むずかしく表現すれば、武家の自己認識を探る試みということになる。武家の都鎌倉はその材料となろう。そこには近代が鎌倉をどう見たかと同じく、近世という時代にとって、「鎌倉とはなにか」という問いも含まれる。

こうした点を考えるさまざまが、鎌倉の地には凝縮されている。古都《こと》としての鎌倉――江戸期の人びとがいだく鎌倉への想《おも》いが、そこに集約されている。中世の武都《ぶと》は東国の故地《こち》らしく、江戸の時代を通じ再生され続けた。

鎌倉は古都たることの性格を、江戸の時代にあっても失わなかった。徳川の政権にとって武の同一性を保証してくれるもの、それが歴史的アイデンティティーとしての武家の都にほかならなかった。

考えてみれば、京都にとっての古都が平城《へいじょう》の奈良であったように、江戸にとっては鎌倉がそれにあたっている。この当然すぎることをいま一度想い起こすことから出発しなければなるまい。

京都がその故郷たる大和《やまと》奈良への想いを彫磨《ちょうま》させたように、江戸も鎌倉を意識の光源にすえたのではなかったか。多分に文学的表現を承知でいえば、そうなるだろう*。

たとえば、江戸幕府の地誌編纂《ちしへんさん》として「新編風土記稿」の事業がある。天保年間(一八三〇~四四)に成ったこの学問的事業は、最終的には武蔵《むさし》および相模《さがみ》の二国のみで終了せざるをえなかった。

全国的規模での編纂事業ではあったが、結果として江戸と鎌倉が属する両国のみで完了せざるをえなかった。別のいい方をすれば、『新編武蔵風土記稿』『新編相模国風土記稿』の二編を優先させた編纂の姿勢ということになろうか。

そこには幕府の中枢たる武蔵国とともに、鎌倉も含めた相模国が、武家の基盤として認識されていたにちがいない。

そうした古都の観念には、〝武の聖地〟としての意味あいもあった。武家発生の特別なる地域、その想いが江戸の時代には盛んであった。後述するように鎌倉の紀行・随筆の多

▲『新編鎌倉志』

▲「相州江之島弁財天開帳参詣群集之図」(歌川広重画)

くは〝武の聖地〟たることの想いが融け込んでいる。

そして古都には名所・旧蹟《きゅうせき》として意味もある。江戸にほど近く、温泉地箱根をひかえたことが観光の場として人気を集めた。これも近世の鎌倉を考える要素だろう。鎌倉や江の島の名所図会《めいしょずえ》が登場するのは、このことと無関係ではなかった。

さらに重要なことは、近世江戸期は鎌倉を古都と認識することで、〝史蹟の保存〟が意識的に行われた時代だったことである。徳川光圀《とくがわみつくに》による『鎌倉日記』（延宝二年）は、その代表だろう。江戸の時代的成熟が史蹟としての鎌倉へのまなざしを決定づけた。歴史への自覚こそが、その成熟の中身だった。

たとえば、十七世紀後半にこの光圀の命によりなされた『新編鎌倉志』（貞享二年）はその嚆矢《こうし》であり、近世的地誌の出発点をなすものであった。歴史的遺産へのこうしたかかわり方も、古都たることの証《あかし》の一つだった。

以下での流れは、こうした要素が鎌倉の個々の場でどのようにみられるのかを探ることにある。

＊　家康の東照権現《とうしょうごんげん》（日光《にっこう》）が東国を照らす論理で、天照大神《あまてらすおおみかみ》（伊勢《いせ》）の日本国の天下《あめのした》に対し

たように。江戸の鬼門《きもん》たる東叡山寛永寺《とうえいざんかんえいじ》が、京都の比叡山延暦寺《ひえいざんえんりやくじ》に対応したように。武家と天皇、江戸と京都との二項対抗の関係がそこにはらまれていよう。鎌倉を江戸が歴史の光源としてみたてた意味は、こうしたことがらにも関係するはずである。なお、本文で用いた「江戸の古都」なる表現は、『鎌倉市史』（近世・近代紀行地誌編、解説児玉幸多、吉川弘文館、一九八五）などでも用いられているが、本書においては以上に指摘したような意味をもたせている。

## 鎌倉を訪れた人士たち

古都としての鎌倉の存在——このことを江戸の人びとが見いだしたことは、東国が東国としての誇るべき古《いにしへ》の世界を自己の内に発見したからにほかならない。その古の旧蹟こそが武家の原郷《げんきょう》たる鎌倉だった。

当時の人びとが鎌倉に想いを馳《は》せたことの理由の一つは、ここにあった。だが、鎌倉を

| 備　考　そ　の　他 |
| --- |
| 羅山34歳の作。鎌倉の荒涼さが指摘。頼朝の墓の叙述。 |
| 鎌倉五山を主体に叙す。五山での詩賦が書かれている。 |
| 鎌倉案内書の初めてのもので，のち縮刻本がでて流布した。 |
| 観光化する以前の衰退した鎌倉の実情が指摘。戸塚ルートから鎌倉入り。 |
| 道中案内記としては古い。江の島ルートからの鎌倉入り。 |
| 漢詩・和歌による名所訪問の記録。地形や建物の描写が正確に記されている。 |
| 英勝寺を宿所に7日間にわたり巡覧，『新編鎌倉志』の前提をなす。 |
| 金沢ルートで鎌倉入り。江の島から大山詣。覚園寺・東慶寺の記述が興味深い。 |
| 江戸期の本格的な地誌の早い時期のもの。水戸光圀の命令で編せられる。 |
| 漢詩を中心とした紀行文。鎌倉の名所が指摘。 |
| 戯作的傾向が強く虚構的叙述。説明・伝説が多く記録。 |
| 京都下鴨の神官の作。作者は山崎闇斎の弟子でもあり，元禄大地震の惨状。 |
| 芭蕉十哲の一人であった森川が，鎌倉の歴史を詠じたもの。 |
| 俳人たち4人の旅行記録。8月15日の八幡宮の放生会を見物。 |
| 漢文の鎌倉紀行。江の島の観光地化が語られている。風俗資料として貴重。 |
| 播磨国大砂の大庄屋の東日本全域におよぶ旅行記の一部。 |
| 江戸の婦人の紀行文。金沢・鎌倉・江の島・箱根などの叙述。 |
| 本居宣長の養子。八幡宮・長谷観音・江の島から藤沢をへて伊勢松坂へ。 |
| 箱根湯治の帰途，江の島・鎌倉・三浦・金沢を巡覧。寺領が貫高制で表現。 |
| 朝廷の医官。天明2年から全国を視察。鎌倉の非要害性についての指摘。 |
| 幕臣が鶴岡八幡宮まで江戸より遠馬・遠足した折の記録。 |
| 『甲子夜話』と同一の事件について語ったもの。 |
| 下野国烏山藩の医師の紀行文。平塚から江の島・鎌倉入りし諸所を遊覧。 |
| 金沢から浦賀・三崎の鎌倉周辺の地誌が詳しい。俳人による紀行文。 |
| 書簡形式（往来物）のもので，鎌倉・江の島の案内書。 |
| 俳人による鎌倉・江の島の吟行録。 |
| 19巻の随筆の一部。考証部分が多い。「やぐら」についての叙述は興味深い。 |
| 江戸商人の家族旅行記。江の島・鎌倉の庶民の生活の諸相が語られている。 |
| 永楽通宝銭の来歴や鐚銭のことと鎌倉との関係についてふれている。 |
| 真宗の僧侶で茶人。江の島・万福寺の腰掛松・建長寺・杉本観音などの考証。 |
| |
| 大塔宮護良親王の最期を偲び難く，戯作者として京伝の本領が示されている。 |
| 下野宇都宮の豪商の娘。金沢・朝比奈・鎌倉入り。江の島から龍口寺・大山へ。 |
| 俳人たち5人のグループで金沢から鎌倉入り，北鎌倉方面から大仏・遊行寺へ。 |
| 『新編鎌倉志』の遺漏を補う目的で記されたもので，鎌倉の地誌の双璧をなす。 |
| 旅人2人が洒落・冗談をいいつつ鎌倉方面の名所を案内する構成。 |
| 浄智寺訪問の状況や塔頭の模様について説明。 |
| 知恩院宮尊昭法親王の江戸から帰洛する折，藤沢まで与清が供奉した見聞。 |
| 昌平坂学問所の地誌編修取調所が中心となって編纂。 |
| 女性の旅行記。金沢から朝比奈・鎌倉ルート，大仏・長谷・江の島を訪問。 |
| 中国・九州の旅行記の一部。開港直後の横浜の情勢。鎌倉の観光名所ぶり。 |
| 鎌倉図を購入，旧蹟を巡覧。護良親王の土牢で悲憤。義貞の忠義に感激。 |

近世のおもな紀行・地誌一覧

| | 書　名 | 筆　者 | 成　立 |
|---|---|---|---|
| ① | 丙辰紀行 | 林羅山 | 元和２年（1616） |
| ② | 鎌倉巡礼記 | 沢庵 | 寛永10年（1633） |
| ③ | 鎌倉物語 | 中川喜雲 | 寛永10年（1633） |
| ④ | 玉舟和尚鎌倉記 | 玉舟 | 寛永末？（1640？） |
| ⑤ | 東海道名所記 | 浅井了意 | 万治元年（1658） |
| ⑥ | 金兼藁 | 不詳 | 万治２年（1659） |
| ⑦ | 鎌倉日記（徳川光圀歴覧記） | 徳川光圀 | 延宝２年（1674） |
| ⑧ | 鎌倉紀 | 自住軒一器子 | 延宝８年（1680） |
| ⑨ | 新編鎌倉志 | 河井恒久ほか２人 | 貞享２年（1685） |
| ⑩ | 鎌倉紀行 | 戸田它石 | 元禄３年（1690） |
| ⑪ | 笠の蠅 | 立羽不角 | 元禄14年（1701） |
| ⑫ | 祐之地震道記 | 梨木祐之 | 元禄16年（1703） |
| ⑬ | 鎌倉賦 | 森川許六 | 宝永３年（1706） |
| ⑭ | 鎌倉三五記 | 紀伊国屋文左衛門ほか | 宝永６年（1709） |
| ⑮ | 湘中紀行 | 太宰春台 | 享保２年（1717） |
| ⑯ | 東海済勝記 | 三浦迂斎 | 宝暦12年（1762） |
| ⑰ | 東路の日記 | 不詳 | 明和４年（1767） |
| ⑱ | 草まくらの日記 | 本居大平 | 安永２年（1773） |
| ⑲ | 山東遊覧志 | 江戸隠士葛郛 | 安永８年（1779） |
| ⑳ | 東遊記 | 橘南谿 | 天明４年（1784） |
| ㉑ | 甲子夜話 | 松浦静山 | 寛政３年（1791） |
| ㉒ | 宝暦現来集 | 不詳 | 寛政３年（1791） |
| ㉓ | 相中紀行 | 田良道子明甫 | 寛政９年（1797） |
| ㉔ | 三浦紀行 | 一鶴堂白英 | 享和元年（1801） |
| ㉕ | 江島鎌倉往来 | 不詳 | 享和元年（1801） |
| ㉖ | 江の島 | 大島完来 | 文化２年（1805） |
| ㉗ | 我衣 | 加藤曳尾庵 | 文化４年（1807） |
| ㉘ | 鎌倉日記 | 扇雀亭陶枝 | 文化６年（1809） |
| ㉙ | 春波楼筆記 | 司馬江漢 | 文化８年（1811） |
| ㉚ | 遊歴雑記 | 十方庵大浄 | 文化６～文政12年（1809～29） |
| ㉛ | 二階堂の記 | 山東京伝 | 文政４年（1821） |
| ㉜ | 江の島の記 | 菊池民子 | 文政４年（1821） |
| ㉝ | 鎌倉日記 | 祖祐 | 不詳 |
| ㉞ | 鎌倉攬勝考 | 植田孟縉 | 文政12年（1829） |
| ㉟ | 金草鞋 | 十返舎一九 | 天保４年（1833） |
| ㊱ | 全楽堂日録 | 渡辺崋山 | 天保４年（1833） |
| ㊲ | 鎌倉御覧日記 | 小山田与清 | 天保６年（1835） |
| ㊳ | 新編相模国風土記稿 | 林述斎ほか編 | 天保12年（1841） |
| ㊴ | 江の島紀行 | 李院 | 安政２年（1855） |
| ㊵ | 塵壺 | 河井継之助 | 安政６年（1859） |
| ㊶ | 東海紀行 | 小田切日新 | 安政６年（1859） |

『鎌倉』鎌倉紀行篇，『鎌倉市史』近世・近代紀行地誌編などを参考に年次別に整理した。

当時の人びとに広げた力は、やはり庶民が有した名所・旧蹟・景勝《けいしょう》の地への憧憬《どうけい》も大きかったにちがいない。

前頁に掲げた表は、江戸期にしたためられたおもなる紀行や地誌をひろったものである。そのなかには史蹟巡覧の紀行随筆にはじまり、名所・景勝の案内に属するものまで、種々の内容が含まれている。

江戸後期以降、鎌倉は伊豆・箱根をふくめた遊覧の名所として浮上し、江の島・金沢《かねさわ》の両地域が大きな役割を担うようになった。この傾向は表中からも明らかだろう。ちなみにこの両所が注目されるのは、東海道からの鎌倉入りの二大ルート＝出入口であったことも大きい。

加えて江の島については、観音《かんのん》信仰で著名な長谷《はせ》にも近く庶民の人気の拠点ともなった。また金沢の地は、ここが金沢北条《ほうじょう》氏の旧蹟であったことや、その絶景さが中国の西湖《さいこ》にたとえられる漢詩気分と重なり、人気を博すことになった。

ところで、この江の島や金沢を含め、鎌倉を訪れたなかには、どんな人びとがいたのか。その顔ぶれをひろってみよう。

江戸前期（十七〜十八世紀）では、林羅山《はやしらざん》・沢庵《たくあん》・徳川光圀・紀伊国屋文左衛門《きのくにやぶんざえもん》・太宰《だざい》

►『丙辰紀行』

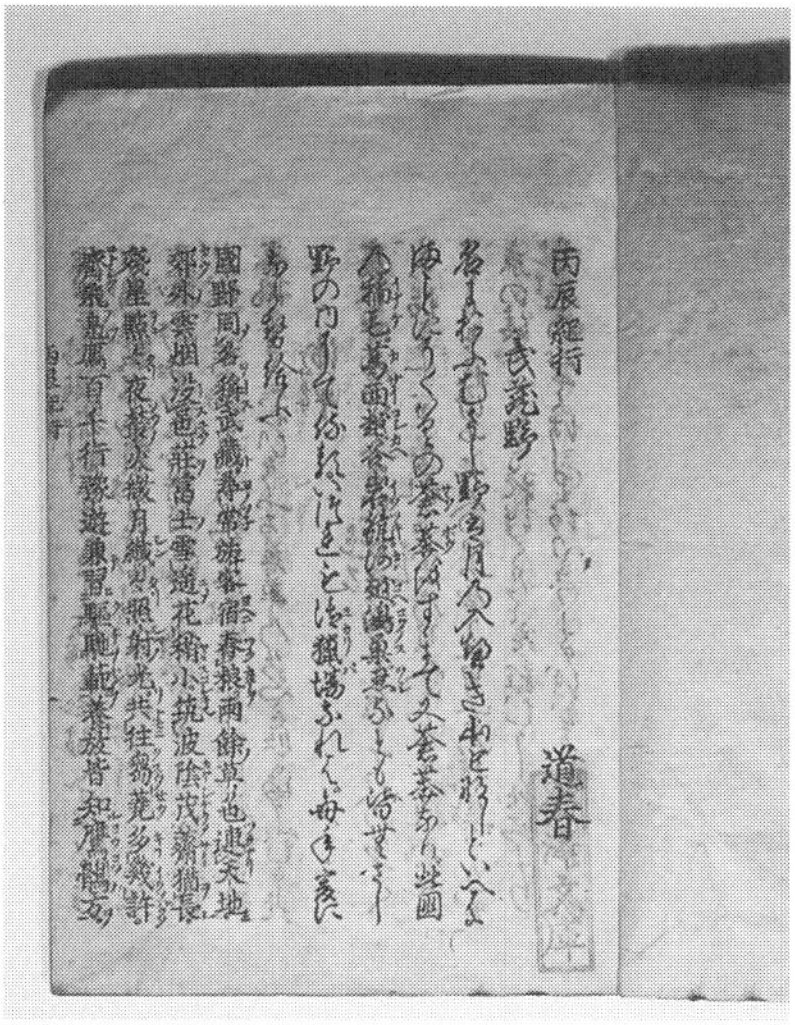

◄『鎌倉物語』

春台《しゅんだい》などが見える。いずれも歴史の教科書で登場するお馴《なじ》みの名士たちということになろうか。

知名度ではいささか劣るが、中川喜雲《きうん》『鎌倉物語』（表中③）・浅井了意《あさいりょうい》『東海道名所記』（表中⑤）も注目される。道中案内日記としては、いずれも十七世紀半ばの成立ということで初期に属す。概して江戸前期までの紀行作品には、武家の旧蹟への想いが強いようだ。

このことは、羅山の『丙辰《へいしん》紀行』（表中①）に記されている鎌倉の荒廃ぶりへの悲憤からもうなづける。光圀の『鎌倉日記』（表中⑦）は、旧蹟の記録を主眼としたもので、のちにもふれるように鎌倉地誌の白眉《はくび》ともいいうる『新編鎌倉志』（表中⑨）の前提をなした。

こうした史蹟紀行のなかで、沢庵『鎌倉巡礼記』（表中②）・玉舟《ぎょくしゅう》『玉舟和尚《おしょう》鎌倉記』（表中④）の二編は、仏寺巡覧を軸に江戸初期の鎌倉事情を忠実に伝えており、その描写の正確性が史蹟所在地の考証にも役立っている。

また江戸前期には、鎌倉が和歌・漢詩・俳句などの世界でも脚光をあび始めたことがわかる。戸田它石《たせき》『鎌倉紀行』（表中⑩）・森川許六《もりかわきょりく》『鎌倉賦《ふ》』（表中⑬）・紀伊国屋文左衛門ほか『鎌倉三五記《さんご》』（表中⑭）などは、その代表ということができる。

つぎに江戸後期（十八世紀後半〜十九世紀半ば）での名士たちをあげるならば、松浦静山《まつらせいざん》・司馬江漢《しばこうかん》・山東京伝《さんとうきょうでん》・十返舎一九《じっぺんしゃいっく》・渡辺崋山《かざん》・河井継之助《つぐのすけ》などがめだったところだろう。ここに登場する顔ぶれは画家あり作家ありと、前期にもまして多彩である。そのことが、この時代の風潮を代弁しているようでもある。

前代に引き続き『三浦紀行』（表中㉔）・『江の島』（表中㉖）・『鎌倉日記』（表中㉝）など俳人趣味の紀行文も旺盛だが、江戸後期の特色として女性や商家出身者の作品が少なくないことに気づく。これは明らかに文化・文政期（一八〇四〜三〇）を軸とする庶民の成熟に対応するものだろう。

その意味では鎌倉という場が、武家の原郷という役割とは別に、物見遊山《ものみゆさん》の景勝地として定着したことを物語っていよう。たとえば『東路《あずまじ》の日記』（表中⑰）・扇雀亭陶枝《せんじゃくていとうし》『鎌倉日記』（表中㉘）・菊池民子『江の島の記』（表中㉜）・李院《りいん》『江の島紀行』（表中㊴）などがそうだ。

鎌倉が庶民の対象となったことは、江戸人にとっての古都としての意味合いが鮮明とされたからだろう。鎌倉はここにあっては武家の記憶占有物ではなくなったのである。*

江戸の古都たることの本質的意味はこれにあった。武士から庶民へ、古都鎌倉を発見する主体に変化が生じたともいえる。一般の民衆がこの地を訪れ、そして語り、述べ始めたのである。

『江島鎌倉往来』（表中㉕）をはじめ、『金草鞋《かねのわらじ》』（表中㉟）・『江の島紀行』（表中㊴）などの観光名所案内を兼ねた書物が登場するのは、こうした庶民化の流れと関係があった。鎌倉の名所図会の登場が、この時期に活発化するのも理由のないことではなかった。以下での話題はその名所図会を考えてみよう。

＊ そうした傾向は、松浦静山『甲子夜話《かっしやわ》』（表中㉑）・『宝暦現来集《ほうれきげんらい》』（表中㉒）にも見えている。いずれも鎌倉のみを対象としたものではないが、そこには幕臣たちが遠馬・遠足として鎌倉を訪れたことが記されており、武芸鍛練（遠馬・遠足）の場とは別に、武家の故地を物見遊山的な対象として考えることが一般化しつつあったことを知りうる。庶民のレベルに鎌倉が意識化されるのは、こうしたことが前提となろう。

## 「鎌倉絵図」について

鎌倉が江戸の古都として民衆に認識されたとき、案内図を兼ねた絵図も登場した。普遍性という広がりでいえば、鎌倉はこの絵図をもつことで人びとの記憶に共有された。

この絵図と似たもので、名所図会なるものが十八世紀後半に登場する。*名所図会は名所記や名所絵の性格を脱することで誕生した。「名所」＝「などころ」が歌の世界の表現だとすれば、「めいしょ」への転換は、物語・文学分野からの解放を意味した。前出の一覧表でいえば、江戸初期の『丙辰紀行』（表中①）・『鎌倉巡礼記』（表中②）などには、韻文《いんぶん》的気分が随所にみられ、本来の名所（などころ）的探訪の要素も見られる。

こうした流れは『東海道名所記』（表中⑤）になると薄れ、その後の名所図会の原型がみられるようになる。実景描写の挿絵をともなった名所図会の誕生までには、さらなる時間が必要とされたが、鎌倉という場にあってもこれが成熟する条件は、整いつつあったとみてよい。

名所図会は旧蹟・名勝をわかりやすく説明するとともに、挿入された絵が地理的説明図として適切であること、さらに巡覧者の便宜を考え地域別・方面別に名所が配列されていることが要求される。こうした条件を兼ね備えることで名所図会が生まれる。

鎌倉にあってこの要素を備えたものが、本格的に認められるのは、天明五年（一七八五）の「鎌倉名跡志」あたりからだろう。絵図に対応して名所の説明文が付されているものだ。寛政元年（一七八九）の「鎌倉勝概図」もその点では同様だろう。

これ以前にも絵図の各旧蹟にその名を記した「鎌倉絵図」（「鎌倉図」）と呼称されたものが数多く登場している。これは十七世紀半ばの成立とされる「相州鎌倉之図」「相州鎌倉之本絵図」などを前提に作製されたものだった。鎌倉にあっては、純然たる名所図会というより、より簡易な「鎌倉絵図」が人びとの利用の便に供されたようだ（「鎌倉絵図」については沢寿郎『鎌倉──古絵図編』、東京美術、一九七六を参照）。

このことは、たとえば十返舎一九『金草鞋《かねのわらじ》』（表中㉟）で長谷観音にふれた場面に「はまべよりかまくらみちいたるところに茶屋あり。こゝにてかまくらの絵図をいだし、講釈してこれをあきなふ」とみえており、「絵図」が多くの旅人に人気を博していた事情をうかがえる。旅人二人が洒落《しゃれ》・冗談《じょうだん》をまじえ名所案内をするという内容で、『東海道中膝栗毛《とうかいどうちゅうひざくりげ》』の作者ならではの趣向もこらされているようだ。

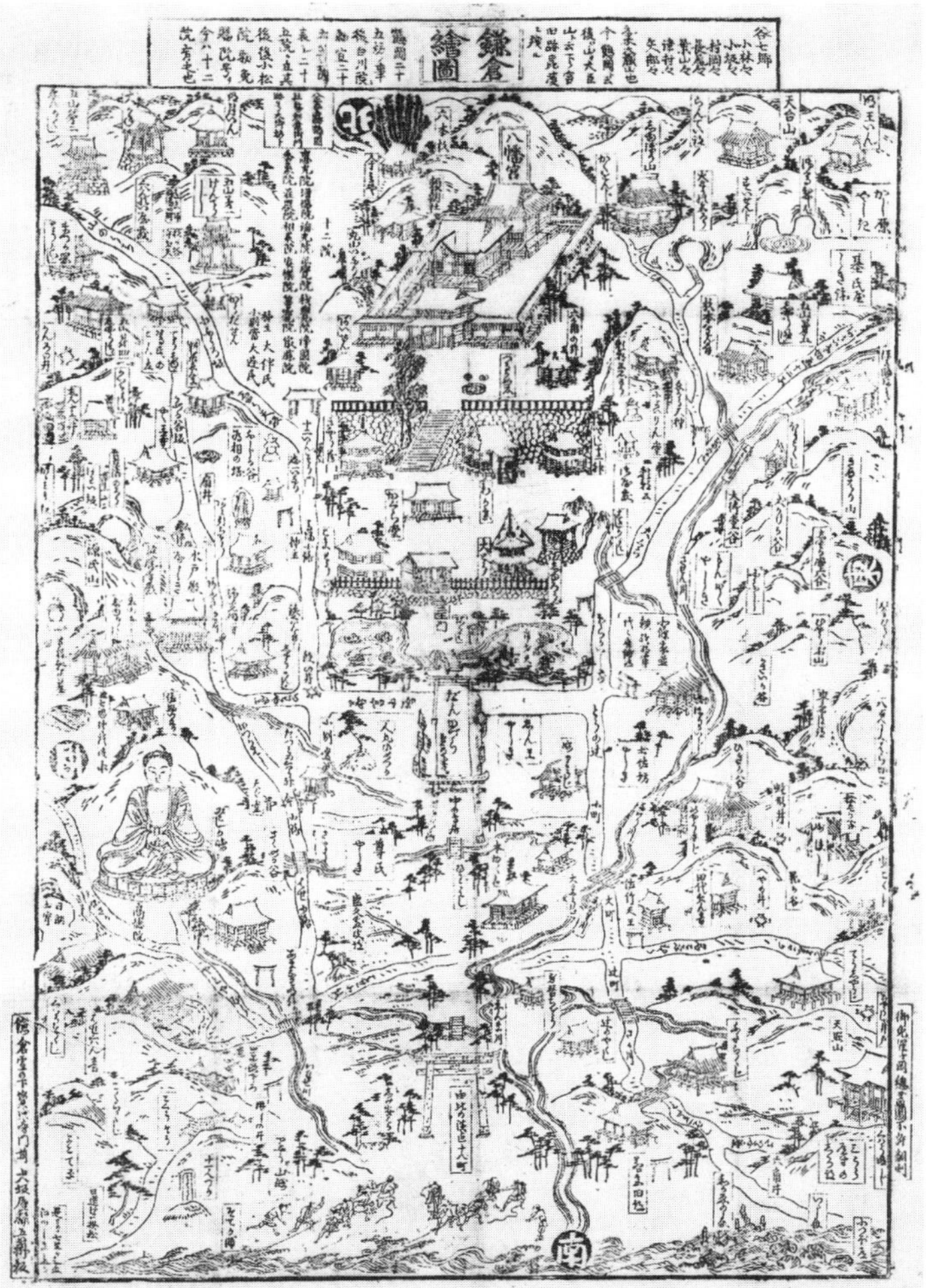


▲「鎌倉絵図」

ここに見える「かまくらの絵図」は、当時の旅人の要望に応じてつくられた名所・旧蹟の案内図ということができる。近世江戸期の絵図なり、名所図会なりの世界は近代の明治にもそのまま踏襲され、鎌倉の人気を支えることになる。

＊ 名所図会は寺社・旧蹟・地名・河川などの由緒来歴《ゆいしょらいれき》を平易に解説し、実景描写の挿絵を加えた冊子をいう。本来「名所」とは歌の「などころ」をさしたが、江戸時代にはその範囲を越え、地誌案内書としての性格をもつにいたった。いわば「名所記」的な文芸性は姿を消し、事物の来歴などを客観的に記す「名所図会」が登場することになる。
散文的性格を濃厚に有した「名所図会」の登場は、文学から歴史へと人びとの興味関心をいざなうことにもなった。「名所図会」の早い例は、安永九年（一七八〇）の『都《みやこ》名所図会』（六巻一一冊、『大日本名所図会』所収）である。以後日本各地の地域名所の図会は、江戸・京都・奈良・住吉《すみよし》・和泉《いずみ》・伊勢・熊野・紀伊・播磨《はりま》・木曽・阿波《あわ》・近江・尾張・四国など三十数種にものぼり、本文にも記したように時代の推移とともに、その数が増大する。

なお、「名所図会」は教育の場においても、「往来物」の教材として利用された。庶民教育のなかで、各地域の名所が紹介されたことは、人びとを歴史に誘《いざな》う足がかりとなった。「往来物」として、どのような名所が登場しているかについては、『往来物大系』五〇～六二巻「地理科往来」（大空社、一九九三）を参照。

# 「金沢八景」の誕生

ここでは「鎌倉絵図」の具体的内容を、金沢称名寺《かねさわしょうみょうじ》に近接した金龍院《きんりゅういん》所蔵の絵図を参考にしながら、当時の人びとの景勝地・名所への想いについてふれておこう。*

鎌倉入りの主要ルートとして、金沢の地は称名寺・金沢八景《はっけい》（洲崎晴嵐《すさきのせいらん》・瀬戸秋月《せとのしゅうげつ》・小泉夜雨《こづみのやう》・乙艫帰帆《おつとものきはん》・称名晩鐘《しょうみょうのばんしょう》・平潟落雁《ひらかたのらくがん》・野島夕照《のじまのせきしょう》・内川暮雪《うちかわのぼせつ》）や名物「四石八木《しせきはちぼく》」などにより、多くの旅人を集めた。

「四石」（美女《びじょ》石・姥石《うばいし》・福《ふく》石・飛《とび》石）の一つ「飛石」で知られる金龍院は、土産物《みやげもの》として金沢八景の絵図や案内図を出版・販売し、「金龍院版」として親しまれた。

つぎに掲げた絵図を見ていただきたい。文化十一年（一八一四）の金龍院版「金沢八景之図」である。同寺所蔵の絵図としては比較的古いものだが、その讃《さん》に「其の名を西湖《さいこ》八景に倣《なら》ふと云へり」と、その名称の由来が語られている。さらに歌川広重《うたがわひろしげ》が金龍院の求めに応じて描いた「金沢飛石金龍院山上八景眺望之図」も景勝地金沢が鳥瞰《ちょうかん》的に描写されている。

こうした絵図が蔵されている金龍院の創建ははっきりしないものの、戦国期にさかのぼることは確実とされる。明月院《めいげついん》を建立した関東管領《かんとうかんれい》の上杉憲方《のりかた》が、金沢に能仁寺《のうにんじ》(建長寺《けんちょうじ》派)を建立したのは永徳二年(一三八二)だった。金龍院はこの能仁寺の塔頭《たっちゅう》の一つとされ、残された史料から十六世紀半ばの天文年間(一五三二〜五五)に上総《かずさ》武田氏が開基《かいき》したものという。

能仁寺は近世初頭には廃絶したが、金龍院は前にふれた八景図からもわかるように、方《ほう》涯《がい》の塔所《たっしょ》(墓所)としての性格を有したこと、この地に所在した奇岩の「飛石」が、瀬戸《せと》明神影向《みょうじんようごう》の地として人びとの信仰の対象とされたことなど、種々の理由から能仁寺の衰亡後も存続したと考えられている。

紀行・地誌一覧のなかで、この金龍院にふれた比較的早いものとして『玉舟和尚鎌倉記』(表中④)をあげることができる。「六浦ヨリ鎌倉ノ方ニアリ……飛石此寺ニアリ」とみえる。

徳川光圀の『鎌倉日記』(表中⑦)にも「能見堂《のうけんどう》ヲ下リ、鎌倉へ行ニ、瀬戸ノ南ニ金龍院ト云禅寺、道ノ側ニ有」と記されており、ここが飛石の名勝地として知られていたことがわかる。さらに「飛石」についても「四石八木」との関係でふれつつ、「金龍院ノ山ノ

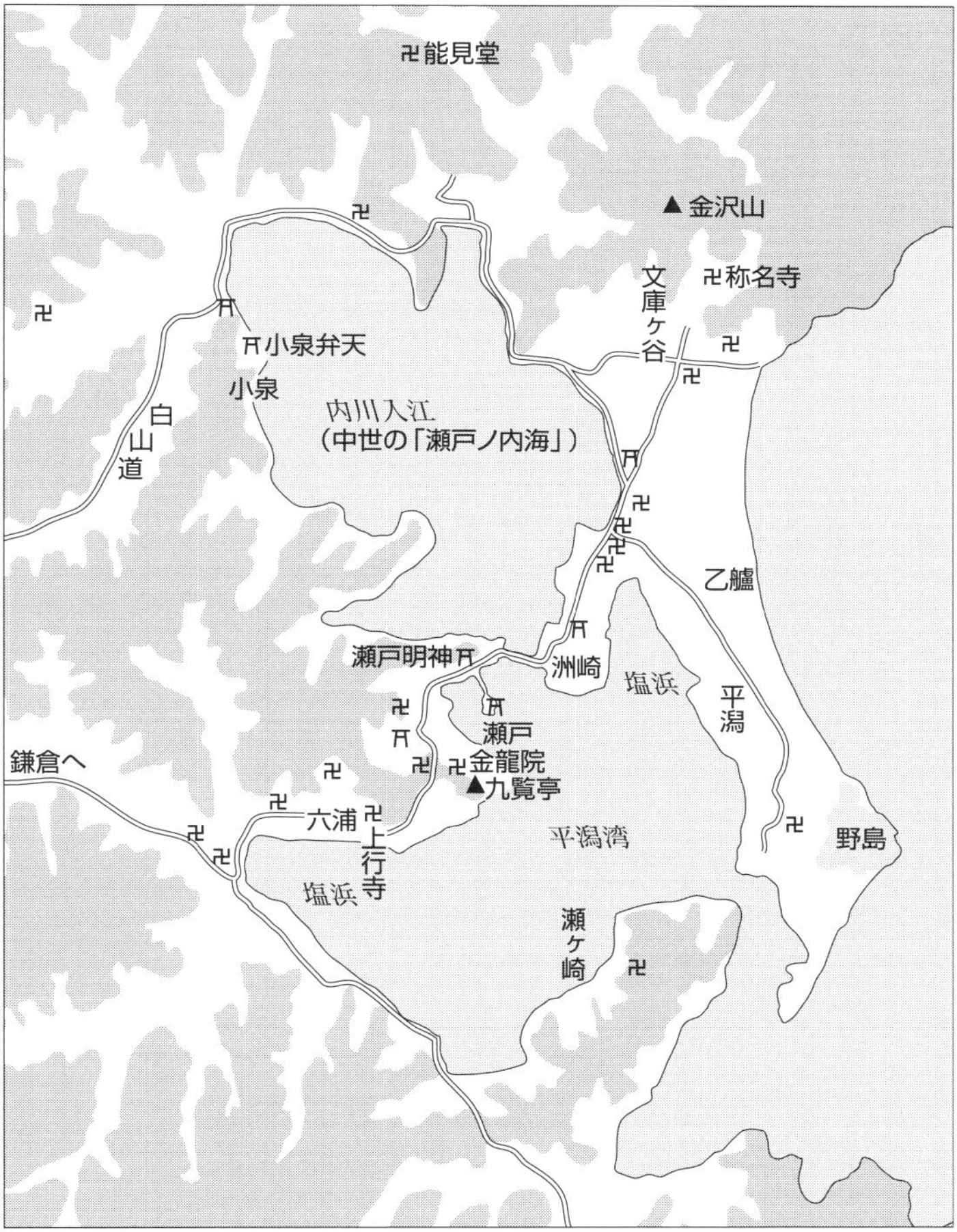


▲金沢八景要図　神奈川県立金沢文庫編『金沢文庫特別展図録　禅宗の古刹　金龍院』より作成。

上ニアリ。三島大明神ノ飛タル石ナト云」と、その由来を説明している。

それでは、そもそも「金沢八景」の呼称はいつ誕生したのか。当然そこには詩歌と絵画の融合があったわけで、五山《ござん》文学に代表される室町《むろまち》期の禅宗《ぜんしゅう》の隆盛は、その画期をなした。中国の「瀟湘《しょうじょう》八景」との関連で、九州において「博多《はかた》八景」などが定着していた。中世末から近世初期にかけて「近江《おうみ》八景」が定着し、それとの対比から「金沢八景」が一般化したらしい（この点、堀川貴司『瀟湘八景』臨川書店、二〇〇二を参照）。

慶長十九年（一六一四）の『名所和歌物語』にも、金沢八景の名がみえるが、具体的地名と関連させながらの登場は、元禄七年（一六九四）ごろの心越禅師《しんえつぜんじ》の作詩によるとされる。

そこには詩歌と絵画のさらなる融合をなす江戸の時代の特色があった。いささか文人趣味的に偏した中国への憧景もあったろう。その到達点として京都近郊の近江や、江戸近郊の金沢に「八景」を見いだした意味は興味深い。

それは、ある意味で東国が、京都に文化のレベルで対抗しようとしたささやかな意識の表明でもあった。「金沢八景」が江戸期を通じ広がり、人気を博してゆく流れのなかに、これまた古都鎌倉の象徴性を看取できる。

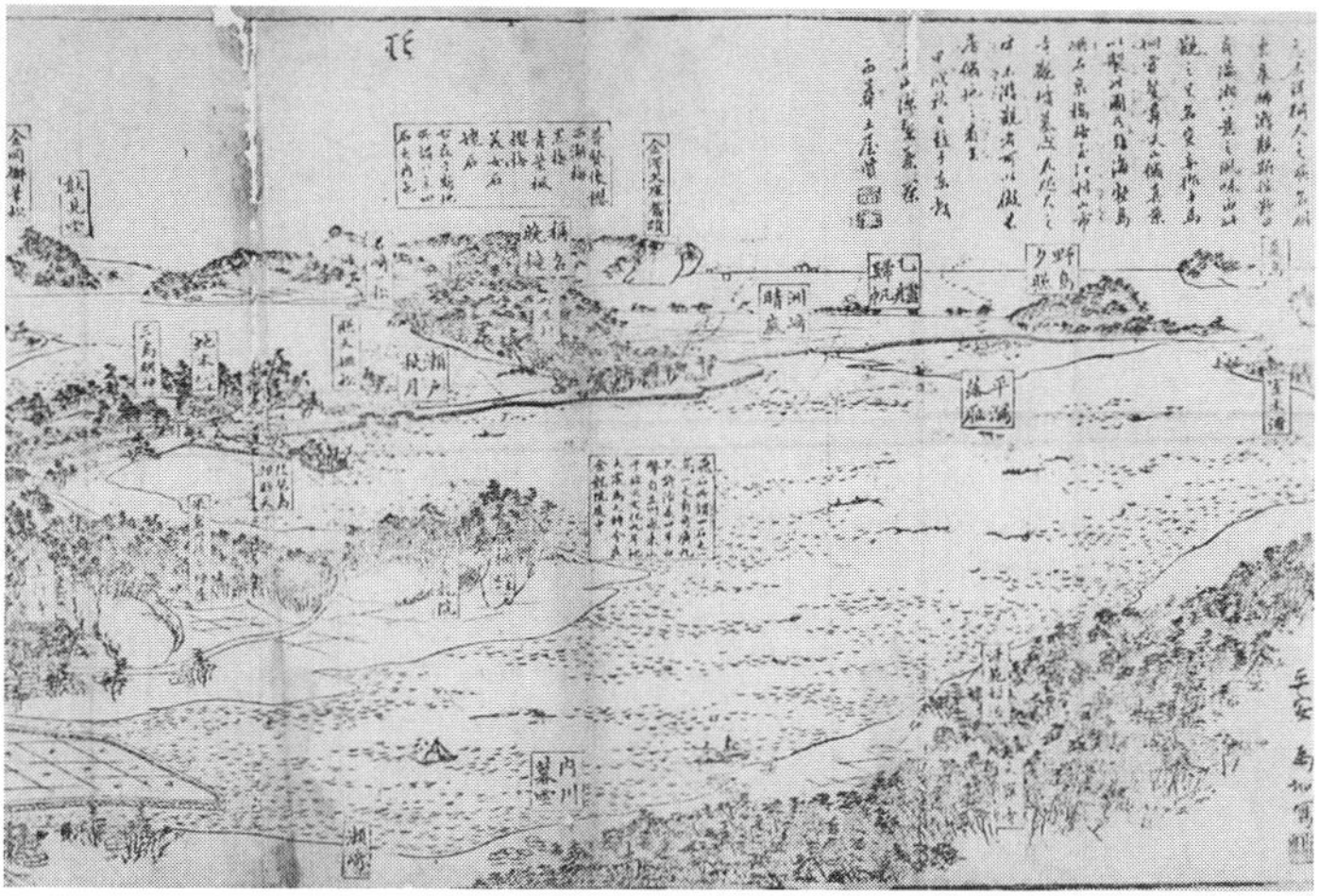

▲「金沢八景之図」(部分，馬垧画)

▲「金沢飛石金龍院山上八景眺望之図」(歌川広重画)

＊　金龍院の歴史および所蔵の絵図に関しては、神奈川県立金沢文庫特別展『禅宗の古刹金龍院』（会期：平成十四年八月一日〜九月二十九日）に際し、刊行された解説図録を参考にした。なお、同寺所蔵の彫刻・典籍類については『横浜の文化財』第5集（横浜市文化財現況調査団、一九八四）や『三浦古文化』37号（一九八五）に「金龍禅院特集号」と題し、解説が付されているので併せて参照されたい。

## 鎌倉の水戸黄門

旧蹟の現状保存、今日風にいえば文化財保存の先駆けをなしたのが、水戸黄門《こうもん》（黄門は中納言《ちゅうなごん》の唐名《とうめい》）の名で親しまれている徳川光圀だった。後世には漫遊録《まんゆうろく》の世界でイメージ化されている光圀だが、この黄門様も鎌倉を訪れている。

その歴訪の記録ともいうべきものに『鎌倉日記』（表中⑦）がある。延宝二年（一六七四）四月二十二日に水戸を発《た》った光圀一行は、五月二日上総から舟で金沢へ渡り、瀬戸明神・

称名寺・能見堂を巡覧し、「天下ノ絶景」を讃じ、鎌倉にいたっている。

ここには「瀬戸ノ南ニ金龍院ト云禅寺、道ノ側ニ有」とあり、前にふれた金龍院の記述もみえている。その後、朝比奈切通《あさひなきりどおし》をへて、鎌倉入りした光圀らは金沢街道を進み光触寺《こうそくじ》・五大堂《ごだいどう》・梶原《かじわら》屋敷・持氏《もちうじ》屋敷などを訪れ、英勝寺《えいしょうじ》に到着したと記されている。

鎌倉に滞在した光圀は各史蹟を巡覧し、家臣を各地に派遣するなど精力的に見聞している。旧蹟に関して『鎌倉日記』の要をえた説明は、光圀の歴史への造詣《ぞうけい》の深さを語っているようだ。

光圀が逗留《とうりゅう》した英勝寺は寿福寺《じゅふくじ》に隣接し、かつては太田道灌《おおたどうかん》の屋敷跡とされる地だった。この道灌の末裔《まつえい》が家康の側室お勝局《かつのつぼね》（水戸家を創始した頼房《よりふさ》の養母）だった関係で、光圀はここを拠点に鎌倉各所を巡覧したようだ。*

『鎌倉日記』を通読し気づくことは、これがその後の鎌倉の地誌の叙述方式の手本となったことである。史実に即し現状の史蹟の姿が克明に記されており、極端な歴史への想い入れからは距離をおいた叙述ぶりといえる。

光圀の時代には、鎌倉はいまだ物見遊山の対象とはなっておらず、さびれた古都だったようだ。鎌倉五山の衰退ぶりも著しく、「今モ猶実ニ五山トオボシキハ円覚・建長ノ二寺ノミ」と指摘されている。

『大日本史』の編纂を始めた光圀は歴史への関心が高く、武家の故地鎌倉にみずから足を運んだのであろう。近世江戸期は歴史意識の高揚した段階であり、こぞって歴史への記憶が学問へと昇華される状況が生まれた。

水戸藩の『大日本史』あるいは幕府による『本朝通鑑《ほんちょうつがん》』の編纂は、その代表だろう。表中①『丙辰紀行』を著した林羅山は、この『本朝通鑑』にかかわった人物としても知られる。光圀も羅山も朱子学《しゅしがく》への関心が深かった。

名分《めいぶん》主義的傾きが強いこの学流にあっては、武家や王朝の存在を問う姿勢が常に用意されていた。自己が属する武家の古都を皮膚感覚として刻みつけるには、鎌倉歴訪は大きな意味があったと思われる。ただし、この『鎌倉日記』にあっては紀行文的な感傷は少なく、史蹟の現状を中世のさまざまな史料から紹介しているところに特色があった。

各旧蹟を個別に叙す方式で金沢称名寺・江の島はもとより、鎌倉所在の名勝地がほぼ網羅されている。その収録史蹟数は二〇〇にものぼり、光圀の情熱のさまが伝わってこよう。寺社についてはその来歴や所蔵の宝物などの詳細が語られており、地誌編纂の雛型《ひながた》を提供している。

▲英勝寺(鎌倉市扇ガ谷)

▲徳川光圀像

◄覚山尼供養塔(鎌倉市山ノ内東慶寺境内)

本格的な鎌倉の地誌『新編鎌倉志』(表中⑨)は、この『鎌倉日記』を前提に完成された。これは江戸時代の前半を代表する地誌であるとともに、鎌倉を考えるうえでその後の出発点ともなった。江戸後期の『鎌倉攬勝考《らんしょうこう》』(表中㉞)・『新編相模国風土記稿』(表中㊳)など、その後に続く重要な鎌倉地誌の流れは、こうした光圀がかかわった仕事を無視しては語れない。

以下での話題は、江戸の時代を通じて編された鎌倉にかかわる二つの地誌書を参考にしつつ、その叙述ぶりを紹介しておきたい。

＊ 光圀の『鎌倉日記』には、この英勝寺にも江戸時代の史蹟として筆を割いている。ちなみに英勝寺は尼寺《あまでら》だが、当時尼寺として中世以来著名だったのが北鎌倉の東慶寺《とうけいじ》である。ただしその尼寺としての実情については『鎌倉紀』(表中⑧)にもあるように、江戸初期はいささかルースでもあったようだ。北条時宗《ほうじょうときむね》の妻覚山尼《かくさんに》を開基としたこの寺は、一方で江戸時代には、「駆《か》け込《こ》み寺」としても知られた。『鎌倉日記』にも「今モ百廿貫文ノ寺領アリ」とあるように、江戸期においても幕府の保護があたえられていた。別名「縁切《えんきり》寺」といわれ、一種のアジール性を有したこの寺の性格について種々の論議がある。ここではその民俗学的観点からの論議をぬきにしても、江戸の幕府がこの東慶寺に寺領保護をあたえ、縁切寺としての性格を付与した

ことは興味ある課題を提供しよう。

というのは、そうしたところにも鎌倉が有した特殊性が宿されているからだ。結論を先取りすれば、縁切寺という一種治外法権《ちがいほうけん》の容認は、武家の聖地としての鎌倉への認識が前提となって成熟する観念ではなかったかと思われる。このことで想起されるのは、上野国《こうずけ》新田郡の万徳寺《まんとくじ》の存在であろう。ここもまた東慶寺とともに縁切寺として知られている。東国の上野万徳寺がなにゆえに縁切寺だったのか。多分にそれはこの地が得川《とくがわ》（徳川）の出身地だったからなのだろう。よく知られるように徳川氏は、清和源氏の新田《にった》氏の一流得川を称していた。その限りでは、万徳寺は徳川の聖地上野に所在しており、東慶寺は武家の聖地鎌倉にあった。両者ともども聖なる拠点ということになる。その意味でここに無縁性（縁切り）を有した尼寺を設定したことは、それなりの意味があったと思われる。

なお、ついでながら、前述の『鎌倉日記』に東慶寺の寺領を「百廿貫文」としていることは興味深い。江戸期が多く石高制であったことを考えれば、鎌倉の有力寺院はこの東慶寺のように貫高表示であり、ここにも天領たる鎌倉の特殊性が示されている。この諸点に関しては大三輪龍彦「古都鎌倉」（『演劇界』52巻6号、一九九四）においても、ふれられており参照されたい。

## 『新編鎌倉志』と『鎌倉攬勝考』

学問のレベルから鎌倉を俯瞰《ふかん》した場合、いく度かふれた『新編鎌倉志』（表中⑨）と『鎌倉攬勝考』（表中㉞）の存在は大きい。鎌倉の地誌類のなかで質量ともども群をぬいており、今日においても参考とすべき記述が随所にあふれている。

両者とも『大日本地誌大系』（雄山閣、一九七二）に収められているが、豊かな引用文献に加えて絵図などが挿入されておりおおいに役立つ。それぞれが江戸の前・後期を代表するものであり、叙述の方式や内容を検討することで時代性を読み取ることができる。

まず『新編鎌倉志』だが、名称は室町期の『鎌倉志』に由来する。光圀の命で家臣の河井恒久《つねひさ》・松村清之《きよゆき》・力石忠一《りきいしちゅういち》が編纂に従事した。八巻一二冊よりなる本書の刊行は貞享二年（一六八五）のことだった。光圀が来鎌し『鎌倉日記』をしたためてから、約一〇年を費やして完成したことになる。序文や凡例《はんれい》・目録などから、その特色のおおよそをうかがうことができよう。

一つは「志」の書名にふさわしく地誌のスタイルが貫かれた内容と構成になっている点

である。巻之一が「鎌倉総意」と題する総論的内容と鶴岡八幡宮の旧蹟群。巻之二が頼朝屋敷から永福寺《ようふくじ》跡・五大堂など金沢街道の北側の旧蹟群。巻之三が建長寺・円覚寺などの北鎌倉の旧蹟群。巻之四が英勝寺・寿福寺を中心とした鶴岡の西側の旧蹟群。巻之五が大仏や長谷観音を中心とした鎌倉の南西の旧蹟群。巻之六が極楽寺《ごくらくじ》から江の島方面の旧蹟群。巻之七が宝戒寺《ほうかいじ》・光明寺《こうみょうじ》・名越《なごえ》方面の旧蹟群。巻之八が朝比奈切通から金沢方面の旧蹟群。

以上である。ここから推察されるように、その叙述の方針は鶴岡を中心に時計と反対回りで、地域別の八つのブロックに分け整理し詳述したことがわかる。

特色の二つには、記述の仕方に脚色が少ないことだ。引用史料に忠実に〝ありのまま〟が記されている。そこには考察や論議にまつわる記述がなく、節度が保たれていることだろう。このことは観念への傾きが少なく、地誌史料として『新編鎌倉志』の価値を高めることにもつながっている。

特色の三つは現地踏査の結果が、そのまま内容に反映されていることだ。具体的には史蹟と景勝地が渾然《こんぜん》一体と叙されており、順を追いながらの史蹟巡覧という点では、さかしらな調整がなされていないことである。

ここに指摘した『新編鎌倉志』の三つの特色は、そのまま後期の『鎌倉攬勝考』の対比につながる。

すなわち一つ目の構成上の特色については、『攬勝考』の場合その序にも記されているように、「村里・山川・地名・物産」などの地理的要素を巻之一においている点だ。ここには町・村さらに「切通坂」*「十橋」「十井」「五水」から始まり地名の詳細が指摘されている。さらに巻之二が鶴岡総説、巻之三～六までが「仏刹《ぶっさつ》」、巻之七が「堂宇《どうう》」「廃寺」、巻之八が「御所《ごしょ》跡並第《てい》跡」、巻之九が「第跡」「墳墓」など、そして巻之一〇および一一に鎌倉域外の古蹟や江の島・六浦（金沢）方面がまとめて記されている。

ここから推察されるように『攬勝考』では、地域別の方式ではなく主題別の方式をとっていることがわかる。さらに挿入図も『新編鎌倉志』の時代に比べ豊かになり、史蹟の記述ぶりもそれだけ詳しくなっている。

これらの点は二つ目の特色にも関係しよう。『攬勝考』の書名が示すように、その主軸は「考」の具体的表明にあった。その表明は人為（歴史的旧蹟）と自然（景勝・物産・地理）の区別にあったわけで、そこには地誌を編ずることへの作者植田孟縉《うえだもうしん》なりのこだわりが存したに違いない。このような主題に即した記述の方式は、それなりの便宜さがある。

たとえば巻之三の「仏刹」については、鎌倉五山《ござん》が順位にしたがい記述されている。ま

▲釈迦堂口切通(鎌倉市大町)

▲『新編武蔵風土記稿』

た巻之九では御家人《ごけにん》屋敷跡について、『吾妻鏡《あずまかがみ》』その他の関係史料を博捜《はくそう》し説明されていることだ。後者の屋敷跡についてはその数一〇〇余にのぼり、その労苦は多としなければならない。さらには「岩窟」(やぐら)群がまとまった形で整理されて、形状・構造など他との比較も可能であり、有益な指摘も多く含まれている。こうしたことからも、考証という視点に本書の特色がみられる。

そして三つ目は、以上のことからもわかるように、『攬勝考』の場合は現地探訪の便宜さからは距離があったことだ。より考証的気風への傾きが強かったために、配列が過度に調整されすぎており、現地の手引書としては不便さがつきまとう。

以上、江戸時代に登場した本格的な鎌倉の地誌書二編を紹介した。それぞれが相補う形で価値を有するもので、最終的には江戸末期の『新編相模国風土記稿』(表中㊳)へと流れていく。

いずれにしても近世という時代は、かつて詩(文学)と未分化であった史(史学)が、独自の世界をもち始めた段階ということができる。多くの紀行作品のなかにあって、地域限定の地誌がこのような形で誕生したことは、江戸の時代が対象とした歴史の形を考えるうえで参考となるはずだ。

それではこの近世江戸期はその自画像を、どのように理解していたのか。このことは、これまでにふれた地誌類を分析するのみで導きだせる問題ではない。もう少し遠くに射程をすえねばならないはずだ。それは鎌倉を創出した中世武家に対する認識の仕方という問題にもつながる。以下ではいささかマクロ的視点ではあるが、このことを考えてみよう。

＊　ここには橋・水・井戸の名数表字にも示されるように、「切通」に関しても「七口《ななくち》」のことがみえている。『新編鎌倉志』はかかる名数表字は少なく、それだけに史蹟の観光地化が江戸後期になると進んだと解されよう。ちなみに「七口」の呼称は、文明年間（一四六九〜八七）に生まれた「京都七口」の模倣とされるが、かかる京都との対比意識が登場していることに「古都」として鎌倉の性格を看取できる。ただ「鎌倉七口」については、八〇頁でふれた「鎌倉絵図」の「相州鎌倉之本絵図」（十七世紀半ばの成立）にも見えており、ある程度早い時期からも確認される。さらに光圀の『鎌倉日記』にも「鎌倉七口トハ……」と指摘されている。いずれにしてもこれが流布《るふ》し定着するのは江戸後期だろう。

## 奪ったのか、委ねられたのか？——武家政権論あれこれ

江戸期の史家たちは、武家のルーツたる鎌倉の時代をどう考えたのか。さらにはその創始者頼朝をどう解したのか。絵図なり地誌といった鎌倉の地域的場面から少し離れ、近世のなかの中世を考えたいと思う。

江戸時代の史書・史論書のうちでも、幕府の『本朝通鑑』や水戸藩の『大日本史』はその双璧だろう。ただし、幕府論ひいては頼朝論が明確な形で論議されているのは多くない。朱子学・古学《こがく》・国学《こくがく》など江戸期の諸学派が寄せた武家政権論の詳細は別に譲るとして、*ここではあらましだけを確かめておこう。その場合、江戸の史家たちが自己の所属する徳川の時代にどの程度の距離をもっているのかが、目安となるはずだ。

武家政権に関し、これを此岸《しがん》の問題として位置づける江戸前期と、彼岸《ひがん》として扱おうとする後期という区分も可能だろう。此岸・彼岸を武家政権に対する評価への物差しと解すれば、距離云々《うんぬん》も理解しやすいと思う。

徳川時代の高揚期にあたる前期の場合、林家《りんけ》の史学に代表されるように、武家政権への

擁護《ようご》こそに絶対の価値がおかれていた。近世史論書の最高峰とされる新井白石《あらいはくせき》の『読史余論《とくしよろん》』も、その点では同じだった。

対して尊王論《そんのうろん》への水位が高くなりつつあった後期の史学界は、水戸学さらに国学の隆盛のなかで徳川政権自体が相対化され、客観視される状況が生まれる。いわば武家の存在自体を、彼岸的立場でつきはなしてみることを可能とさせ、これが鎌倉幕府の評価へと投影される。

四捨五入論からすれば、武家への思い入れが強い前期は鎌倉幕府への肯定の評価が、尊王の意志が強くなった後期は、その逆ということになる。そこにはもちろん中華普遍主義を前提とする朱子学的立場からの脱却を通じて、日本主義へと傾きを深めてゆく思想的背景もあった。

簡単にいえば、中国という体外に光源体を求めた段階から、体内（日本）にそれをみいだした段階ということになろうか。普遍性（中国的）のなかで日本の歴史を考えるか、特殊性（日本的）から考えるかという違いでもある。

このことはたとえば国学の考証派に属した塙保己一《はなわほきいち》『武家名目抄《ぶけみょうもくしょう》』における、頼朝あるいは幕府の評価とも関連する。具体的には頼朝の守護《しゅご》・地頭《じとう》設置の勅許《ちょっきょ》に関して、これを官制大権の一部（守護権）の委任として考える立場がそれである。『武家名目抄』には頼朝の惣追捕使補任《そうついぶしぶにん》について、「抑《そもそも》此職は御家人たる輩うけたまわれることにて将軍みつから補任せられしにあらさるなり」（職名部廿九）と述べ、頼朝以前からある大内《おおうち》守護の職務と連動させることで、頼朝の幕府政治の非革命性を強調している。要は武家の守護的役割は平安時代以来の流れで朝家から委任されたところにあったとする。

江戸後期は武家自身がその存在の矛盾について、合理的解釈を見いだそうとする時代だった。それは幕府という政治形態が、王権から権力を〝簒奪《さんだつ》〟したか否かという問題でもあった。前期の時代は武家が王権を否定することへの思惑に大きな関心はなく、いわば実質上の武家政権の意義こそが強調された。

前述の白石が頼朝を評価するとき、〝九変五変〟史観が明らかにするように、「本朝天下の大勢」への推移において、王権から武権への流れは必然として見なされている。そこには武家による政権の〝簒奪〟性に近い論理が看取できる。ここにあっては、頼朝の政治的評価は極めて高い。これは中世の『愚管抄《ぐかんしょう》』や『神皇正統記《じんのうしょうとうき》』以来の伝統的思考でもあった。

ところが、後期の段階は国学・水戸学の流れのなかで、王権不変論が強調され中国的な

▲新井白石像

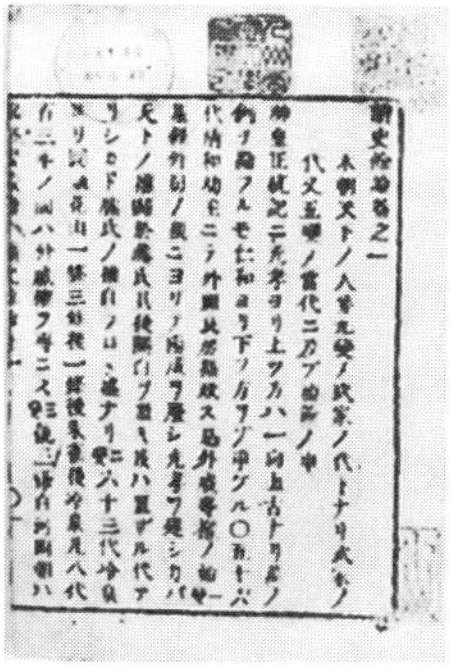

▲『読史余論』

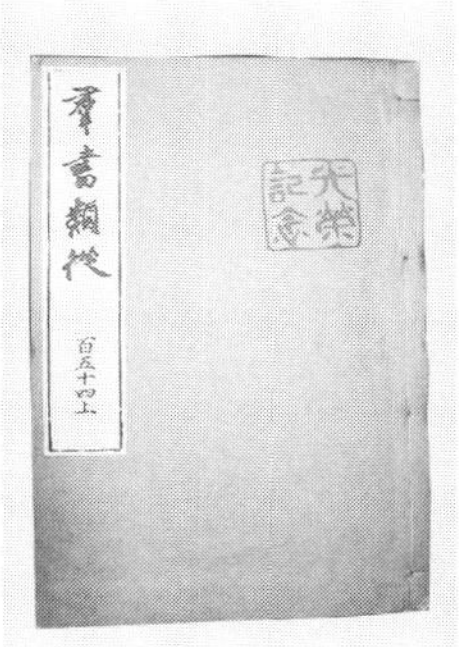


▲『群書類従』

▲塙保己一像

革命思想は否定される。そこでは皇室＝王家の連続性こそが重要であり、その論理を発見することに努力が費やされた。

『武家名目抄』が指摘する官制大権（守護権・軍事権）の委任論は、じつはこの文脈から考えなければならない。皇室の否定ではなく、武家が王権と協調・共存する論理こそが〝委任〞思想の本質だった。

以上のように、江戸期は武家自身の自画像の描き方をめぐり、二つの見方が登場した。〝奪ったのか〞それとも〝委ねられたのか〞という理解である。江戸前期は前者が、後期は後者が主流となる。それは天皇（王権）への認識の仕方が、近世という時代にどのように変わったのかを物語るものでもあった。

それではここに指摘したような論点を鎌倉論に還元させた場合、どんなことが確かめられるのだろうか。江戸後期以降に顕著となる尊王的気風が倒幕の運動論に点火されるには、さらなる時間を必要としたが、近代明治の意識はその連続にあった。先にもふれたように、鎌倉という武家の古都に近代はなにを植えつけたかという点では、「王政復古」に見あう形を整備し創出したといえる。稲村ケ崎《いなむらがさき》も鎌倉宮《かまくらぐう》も、そして葛原岡《くずはらがおか》もみなこれと同じ歴史的地層にあったことになる。

こうした点を踏まえたうえで、以下ではふたたび鎌倉地域の史蹟群のいくつかに話を戻し考えてみよう。まずは、鎌倉政権の創始者頼朝の墓から考えてみたい。

＊　この点に関して、おおまかにつぎのように整理できよう。江戸時代の学問としての歴史は、朱子学が有した合理の考え方が前提とされる。が、道学《どうがく》的な鑑戒《かんかい》主義もこの学派の特色だった関係で限界もあった。江戸後期に登場した古学（古文辞《こぶんじ》学）は荻生徂徠《おぎゅうそらい》の登場で、大きな変化があった。徂徠の学問は、従来の中華至上主義への疑問と人物得失論にみる道徳史観への懐疑《かいぎ》という二つの特色を通じ、新たな学問的土壌を耕すことになった。

前者の特色から日本主義的な尊王思想が、後者からは文物・制度に重点をおく考証・実証の考え方が広がる。本居宣長《もとおりのりなが》に代表される国学はこの徂徠学が有した二つの特色を併有することで、近世の史学や文学に刺激をあたえた。宣長以後の国学はこの二つの潮流のうち、前者が運動論的方向を強くしつつ平田篤胤《ひらたあつたね》の流れに連なり、後者は塙保己一・伴信友《ばんのぶとも》の考証論の方向を顕在化させていった。そのあたりの事情は拙著『武士団研究の歩み』1（前掲）を参照。

## 修復された頼朝の墓

鎌倉という世界に江戸の古都を見いだした近世は、過去を歴史の旋律としてとらえる意識を高めた。その旋律は時として、自身が立脚する武家に不協和音を醸すことがあろうとも、これを受け入れることを可能とさせた。この時代が歴史にもったスタンスとは、そのようなものだった。

このことは頼朝評にも認めることができる。たとえば浅見絅斎《あさみけいさい》（一六五二〜一七一一）の『識劄録《しきさつろく》』（『日本経済叢書』所収）には、「天に二ツの日なく、土に二ツの王なし、普天下王土に非るなし、如此天子の正統目出度都にありありと御座あるに、頼朝が世など思へる事、甚忌へき事」とみえている。天皇をないがしろにした頼朝への痛烈な批判で満ちている。道義的な立場での政治論なり経世論からのこのような評価が頼朝にはつきまとう。

この絅斎的な論調は、物事を相対的に見ようとする歴史的思考からは、〝清濁飲みあわせること〟で整理されるようになる。歴史を旋律としてとらえる意識とは、このことをさす。人倫《じんりん》尺度で短絡《たんらく》的に時代や政治を評価しない。これが歴史的思考の基本だった。総じて道徳史観からの解放がこの時期芽吹き始めたことは、重要なことだった。その点では、絅斎のような政治主義の激烈さからは、歴史の学は自由でもあった。

白石に代表される近世史論界の趨勢《すうせい》には、こうした歴史に対する成熟した見方があった。この歴史へのまなざしが、鎌倉の史蹟に対しても投影された。江戸期が古都の復興に史蹟保存という分野で寄与したことの背景には、このような歴史への取り組み方があった。

光圀の『鎌倉日記』をはじめ、『新編鎌倉志』に著わされている史蹟の数々にもそのことが述べられている。現状をありのままに記し、そして保存すること。史蹟への姿勢という点では、是《ぜ》とされるべきこの態度も古都の庶民化と名勝化のなかで、史蹟の化粧直しが生じてきた。

その好例は頼朝の墓だろう。現在この頼朝の墓は、「大蔵《おおくら》幕府旧蹟」（大正六年）の碑文を北に向かった山上に位置する。ちなみに明治前半ごろの写真には、この幕府跡はすべて田畑であり、江戸期の鎌倉図などと大きな違いはない。

沢庵の『鎌倉巡礼記』にも、この地を訪れた様子が書かれており、それによると「芝生のひろき所あり。是《これ》は右大将《うたいしょう》の御殿の跡也とて、民いまにたねものをもまかぬと也。徳ほどたふとき物はなし。大将ひとへに威有て徳ましまさずは、いかでか今の世までかくあらんや」とみえており、頼朝屋敷が畑にもならず空地とされていたことがわかる。と、同時にそこには武家の創始者頼朝への哀惜の念も、沢庵にあったようで、頼朝の威徳《いとく》がそうさせたとも記している。

それはともかく頼朝の墓は、今はそれなりに多層塔的な面《おも》もちの立派なものだが、これは整備・修復の旨がきざまれた脇柱から安永年間（一七七二〜八一）に薩摩《さつま》の島津《しまづ》重豪《しげひで》が行った補修によるものだった。

江戸時代を通じて頼朝の墓は、みすぼらしく多くの人びとの注目を引くものではなかったようだ。『金兼藁《きんけんこう》』（表中⑥）には「法華堂跡、右大将家の墓あり、按《あん》ずるに是れ舎利《しゃり》を納むる処なり。墓高さ二尺、周方五尺」と、その形状を記し「前時石を以て之を築くといえども、しかるに今は乱脱不全」と語り、頼朝墓が江戸時代の初めにどんな状態であったかがわかる（なお、『頼朝会雑誌』八号には「源頼朝の墳墓乃至《ないし》法華堂《ほっけどう》について」との小論も載せられており、近代にあっても頼朝墓への関心が所在論議とあわせて活発であったこともわかる）。

『新編鎌倉志』などにも特段の言及がなく、たんに「頼朝屋敷」の記述のなかにわずかに法華堂のことが、記されている程度でしかなかった。太宰春台『湘中紀行』にあっても「法花堂ニ詣ル。堂後ノ山中ノ石磴栄紆シテ下ルコト数武ニシテ徂処ヲ得。頼朝ノ墓有リ。

▲源頼朝の墓(鎌倉市西御門)

▲大江広元の墓(大倉山やぐら群)

▲源頼朝屋敷跡(明治後期〜大正期)

一ノ無字碑ヲ置ク。苔鮮蝕尽シ復タ封城ナラス。人主ノ墓ニ似ス」と記しており、頼朝の墓といえどもさほどの関心が払われていなかった事情を知ることができる。

〝歴史そのまま〟で存在した史蹟にお色直しがほどこされたのは、やはり時代の要請であった。頼朝墓の整備・補修に尽力したのが、さきにもふれた薩摩の島津氏だった。また頼朝のブレーンとして活躍した大江広元《おおえのひろもと》は、毛利《もうり》氏の元祖にあたっている。その毛利氏も頼朝の墓の近傍に流祖広元や季光《すえみつ》の墓をつくっており、おおいに興味をそそられる。たしかにこの頼朝の墓の東側の山の壁面には、やぐら風に穿《うが》たれた内部に五輪塔《ごりんとう》がおかれている。頼朝の墓を見おろすように、三基の五輪の供養塔がある。

島津忠久《ただひさ》の墓であり、大江広元とその子毛利季光のものだという。忠久は頼朝の猶子《ゆうし》とされた人物で、この墓は頼朝墓の補修のおりの安永八年(一七七九)に、末裔《まつえい》により整備されたとある。また広元らの墓については、文政六年(一八二三)に、毛利藩主の斉熙《なりひろ》が建立したとされる。

頼朝の墓の修復とあわせて、頼朝墓に隣接する形で薩摩の島津や長州《ちょうしゅう》の毛利が、自己のルーツたる忠久・広元の墓所*を建てたことは興味深い。西南《せいなん》雄藩として、やがて徳川の幕府を倒すことになる薩摩や長州が、自己の流祖の墓所を頼朝を見おろす場につくったことに、歴史の皮肉を感じざるをえない。

ここにみるように、江戸後期は島津墓そして大江墓に代表される新しい史蹟が登場した。江戸時代らしさという点では、藩の流祖を古都鎌倉に引き込むかたちで、その正統性を演出するあたりに近世の気分を感じさせる。

以下ではこうした事例を、もう少し別な形で掘り下げてみよう。

＊『鎌倉攬勝考』では、「土人等、大江広元の墓なりといふは訝《いぶか》しき説なり」として、これを否定している。また『新編相模国風土記稿』においては「按ずるに、忠久の墓、此の地に在る事疑ふへし」と指摘しており、江戸時代の地誌書の良心が読み取れるが、すでに十八世紀末に登場した『東海道名所図会』（寛政九年）には、島津墓が見えており、名所の創られ方がわかる。

## 幻の史蹟――西行橋と裁許橋

武家政権の創始者への敬意――頼朝の墓の修復には、薩州島津家のそうした想いもよせられていた。同時にその隣接の山陵《さんりょう》に元祖の墓をつくるしたたかさにも敬服させられる。長州毛利家もその点では同じだろう。

江戸の時代が創りだした史蹟という点では、裁許橋《さいきょばし》跡もその一つだ。鎌倉駅西口を御成《おなり》小学校方面に進む途中に見える。『鎌倉攬勝考』に「十橋」の一つと数えられるものだ。すでにふれたように、「八景」「十井」「七口」といった名数表示による景勝地化自体が、近世的世界のものだった。

それはそれとして、この裁許橋は別名西行《さいぎょう》橋とも呼ばれた。いうまでもなく訓音が通じたことによっている。さらに裁許の名は問注《もんちゅう》(裁判)との連想から裁許橋の近辺が、問注所の旧蹟とされるにいたった。

問注所旧蹟

元暦元年　源頼朝　幕府東西ノ廂ヲ以テ　訴訟裁断ノ所ト為ス　之ヲ問注所ト称ス　其ノ諸人群集シ時ニ喧噪ニ渉ルコトアルヲ厭ヒテ　正治元年　頼家之ヲ郊外ニ遷ス　此ノ地即チ其蹟ナリ

大正六年三月建之　鎌倉町青年会

「鎌倉町青年会」は裁許橋にほど近い場所に、右の「問注所旧蹟」をたて顕彰した。近代はこの史蹟を疑うことなく是とした。連想は連想を生み、問注所で死罪宣告をあたえられた者がこの裁許橋を渡り、刑場で処刑されるというストーリーを定着させた。「飢渴畠《けかちばたけ》」の碑や六地蔵の史蹟は、そのことの例証とされている。

それでは、この裁許橋が古都鎌倉の名所とされたのはいつごろからなのか。少なくとも中世から近世初期の紀行文には登場しない。十七世紀半ばの江戸中期以後に定着したようだ。

裁許橋は当初「西行橋」と表記された。その早い例は『金兼藁』に「西行橋、出扇谷、南行五町、有此橋」とあり、また『鎌倉物語』にも「左介谷といふよりながれ出る川にわたせる石の橋をおしへたり。(中略)西行がわたせるといへり。」と語られている。

江戸時代の初めごろにはかかる伝承があったようだが、これが名所として定着するようになったのは、光圀の『鎌倉日記』以後とみてよい。そこでは西行橋の名とともに裁許橋が登場する。

「裁許橋又西行橋ニ作ル。天狗堂ノ東ノ小キ橋ナリ。頼朝ノ時此所ニ屋敷アリテ訴訟ヲ聞キ、罪人ヲ刑罰スル故ニ云トナリ、俗ニ云、西行鎌倉ニ来リ、此橋ニ踟躕スル故ニ、西行橋ト云フナリ」とあり、西行橋が俗称されるにいたる。これが『新編鎌倉志』と受け継がれ、堅固な観念として定着していったようだ。

さらに『新編相模国風土記稿』では詳細な説明を付し、西行橋は「裁許橋の誤りなり」とまで断ずるにいたるわけで、ここには完全に問注所の所在地と裁許橋が一体として解釈されている。

こうした江戸期の解釈については、「鎌倉史蹟疑考」*（前掲）でも指摘するように、中世における鎌倉の在所《ざいしょ》名は簡素を旨としたわけで、「西行橋」も〝西に行く道や橋〟（ニシユキ＝西行）といった素朴な呼称から理解されるべきなのだろう。

よく知られるように、鎌倉と西行の関係は『吾妻鏡』に見えている。奥州に赴く西行が途中鎌倉を訪れ、頼朝から銀製の猫を贈られるが、門をでるやこれを子どもにあたえたという逸話である（文治二年八月十六日条）。

西行の気風を語る話としてとみに有名なものだが、鎌倉における西行伝説の下地の一つになったものといえよう。江戸期における西行信仰が鎌倉にも伝染する状況があったわけで、中世の歌人西行の伝説の流布度を考える材料ともなろう。と、同時にこれが裁許と読み換えられるあたりは、近世風味の所産といえなくもない。

◀「問注所舊蹟」の碑(鎌倉市御成町)

▼六地蔵(鎌倉市由比ガ浜)

かりに裁許橋の呼称が、水戸黄門こと光圀以来だとすれば、『吾妻鏡』の問注所移転の記事（正治元年四月一日条、同二年五月十二日条）をあまりに深読みしすぎた結果ということになろうか。裁許橋から問注所旧蹟へと連想が結びつくあたりは、歴史趣向がいささか度がすぎた例といえそうだ。

いずれにしても〝幻の史蹟〟たる西行橋・裁許橋、そして問注所史蹟には西行伝説の広がりに加えて、江戸期の史蹟への考証気風が反映されているとみてよい。誤った前提がフィクションとしての史蹟を誕生させた好例でもあった。

その点では、「唐糸《からいと》やぐら」も同じだろう。ただし、こちらの場合はもともと実体がないもので、その分いささかの文学的な雅気をともなっている。室町《むろまち》末期のお伽草子《とぎぞうし》の世界からのもので、元来が虚構なのである。

唐糸は木曾義仲《きそよしなか》の郎党《ろうとう》手塚太郎光盛《みつもり》の娘とされる。父の敵討《かたきう》ちを願う唐糸は脇差《わきざし》を所持し、頼朝の館に仕《つか》えながら殺害の機をうかがうが、事が露見《ろけん》し土牢《つちろう》へと込められる。「御所のうしろに土の籠をこしらへ入られける」（『唐糸草子』）と表現されているものが、唐糸やぐらの正体だった。

江戸期の多くの紀行・地誌類は、この唐糸やぐらを名所として載せており、その場所も扇谷《おおぎがやつ》・頼朝の墓の東・名越《なごえ》・東御門など種々の候補地があげられている（前掲「鎌倉史蹟疑考」）。

文学的ロマンが一種の実在性をあたえ、かりに捏造《ねつぞう》だとしても、史蹟として独り歩きするものもある。「唐糸やぐら」にもそうした近世的気分が漂っている。

＊　鈴木千歳「鎌倉史蹟疑考」（鈴木棠三編『鎌倉』所収、前掲）は若宮大路から始まり、三〇カ所に近い鎌倉地域の史跡の数々を精査したもので、示唆に富む指摘が少なくない。本稿もそれに負うところが多い。文献史料や伝承を視野にいれた幅広さは、江戸時代の地誌類を充分に消化したうえでの結論で、傾聴すべき内容も多く鎌倉の史蹟論を云々する場合、バイブル的役割を担うものである。

## 鎌倉の謡蹟あれこれ

幻とか捏造とか、いささか当世ばやりの言葉がつづいたが、「唐糸やぐら」の例からもわかるように、史蹟のなかにはこうした例も少なくない。先にもふれた黒板勝美《くろいたかつみ》が、その意見書のなかで史蹟の保存のあり方を指摘し、「伝説的史蹟」に言及しているのは近代史学の卓越性を語るものだろう。*

そうした伝説的史蹟の代表が、謡曲《ようきょく》などに登場する謡蹟《ようせき》だった。一般に謡蹟の多くは、京都近郊を中心とした地域に多い。それは能・謡曲の発生事情からして当然であるが、江戸の古都として鎌倉を考えようとする場合、この地に残された謡蹟もまた興味深い材料となる。

江戸時代になると能《のう》・謡曲が諸大名のおかかえとなった関係から、庶民に人気を博したのは歌舞伎《かぶき》・浄瑠璃《じょうるり》だった。しかしその演目《えんもく》には謡曲を母体としたものも少なくなかった（この点、拙著『蘇る中世の英雄たち』中公新書、一九九八を参照）。

以下では鎌倉関係の謡蹟のいくつかを、簡単に紹介しておこう。

たとえば『景清《かげきよ》』である。悪七兵衛《あくしちびょうえ》・上総七郎兵衛《かずさしちろうひょうえ》で知られるこの人物は、『平家《へいけ》物語』の「橋合戦」から平家方の侍《さむらい》大将《だいしょう》として随所にその名が登場する。「逃げ上手」（「八坂本」）、「生き上手」（「四部合戦状本」）などの異名を取り、壇ノ浦《だんのうら》後に和田義盛《わだよしもり》に預けられ断食《だんじき》のすえ入滅《にゅうめつ》したとされるが、謡曲の世界でも新たな伝説が付与された。**

『大仏供養』は直接には鎌倉を舞台としたものではないが、この景清を主役としたものとして知られる。鎌倉における景清関連の史蹟としては、景清の娘人丸《ひとまる》についての史蹟である。『景清』にあっては、この人丸が日向《ひゅうが》で盲人となって暮らす景清を訪れるというもので、再開と別離がその主題の一つとなっている。

江戸期は景清もさることながら、この人丸人気も大きかった。「これは鎌倉亀が江谷に、人丸と申す女にて候、さても我が父悪七兵衛景清は……」と見えていることで、謡曲のヒロイン人丸は有名となる。『平家物語』を起点に中世末に誕生した人丸は、流布《るふ》の度合いを深め鎌倉の名所に数えられるにいたった。

当初は「人丸石」と称されたものが、『鎌倉物語』にあっては「人丸屋敷」と説明がほどこされ、その場所も亀谷《かめがやつ》近辺の具体的な場が語られている。いうまでもなく謡曲の仮空の人丸を、具体的世界に移すことで「人丸屋敷」の説明がなされている。この傾向はその後も続き、『金兼藁』では「人丸墓」と呼称されるにいたった。

謡蹟としての「人丸墓」は、いくつかの移動があるようだ。たとえば江戸後期の『鎌倉攬勝考』には「巽荒神の東の方畠中にあり」とする。今日知られているのは、安養院《あんようい》の境《けい》内《だい》にある「景清娘人丸之墓」である（昭和初期にここに移されたという）。

景清人気を支えたものはこの謡曲世界での人丸の存在もそうだが、景清の観音信仰も大きかったにちがいない。同じく謡曲『盛久《もりひさ》』はその観音とのからみが見える。史蹟としては、現在では六地蔵《ろくじぞう》付近から甘縄明神《あまなわみょうじん》へいく途中に「盛久頸座《くびざ》」とあるのがそれだ。

平家重代《じゅうだい》の家人主馬判官盛久《しゅめほうがんもりひさ》が、鎌倉由比ヶ浜《ゆいがはま》で斬刑に処せられようとしたところ、千手《せんじゅ》観音を造立し清水詣《きよみずもうで》した盛久の心情が通じ、命が助かるという『平家物語』(長門本)の話がモチーフとなっている。日蓮《にちれん》の龍ノ口《たつのくち》法難《ほうなん》を彷彿《ほうふつ》とさせるものだ。『平家物語』特有のフィクションを題材に謡曲『盛久』では、「刀尋段々壊《とうじんだんだんね》」との観音経の字句のままの奇跡(太刀が二つに折れる)が起こり、「もとより大慈大悲《だいじだいひ》の、誓願などか空《むな》しからん」として観音の功徳《くどく》が説かれている。

謡蹟ではないが、『平家物語』が原典で鎌倉を舞台とするものに『千手《せんじゅ》』がある。鎌倉に送られてきた平重衡《しげひら》と惜別の情をかよわす千手の姿が主題とされる。『源平盛衰記《げんぺいせいすいき》』に取材した『七騎落《しちきおち》』も、広く鎌倉近傍を舞台にしている点では同じだろう。土肥実平《どひさねひら》や岡崎義実《よしざね》などの鎌倉武士の忠節や親子の情愛が描かれている。

▲景清の岩窟(鎌倉市扇ガ谷)

▲「主馬盛久之頸坐」の碑(鎌倉市長谷)

▲「景清娘人丸之墓」(鎌倉市大町安養院境内)

＊　この点、江戸時代においても「唐糸やぐら」のように、文学に取材し史蹟・名所に加えられたものもある。が、それが史実との関係においてどれだけ自覚的になされたかということでは、疑問もある。その点ではやはり西欧史学の導入された近代以降の学問事情が大きい。そこに黒板建白《けんぱく》の意義もあった。以下、いささか長くなるが、黒板の「伝説的史蹟」とはどんな意味かを「史蹟遺物保存に関する意見書」（前掲）から引用しておこう。

「固《もと》より信ずるに足らざるのみならず、従つて所謂《いわゆる》その史蹟なるものまた何等《なんら》史学的価値なく、之《これ》が保存を論ずる要なきが如きも、若しその中《うち》社会人心に感化を及ぼせるものあらば、仮令《たとい》その事実が伝説的又は小説的なりといへ、また之を史蹟に加へざるべからず。何となれば、多年一般に国民の信ずるところとなり、従つてその史蹟と称せらるる地が、国民の間に偉大なる感化力を有すとせば、その事実こそ何等の史学的価値を有せざれ、その所謂史蹟の与へたる影響は、歴史の発展上至大の関係を有し、史学上より論ずるも、国民の風教道徳の方面に於ける研究資料として、既に一種の史蹟と認めらるべきものなればなり」と指摘している。

＊＊　中世末期の幸若舞《こうわかまい》の「景清」像が、その後の歌舞伎世界での虚像を決定化させたようだ。この幸若舞では三〇回にわたり宿敵頼朝を襲撃するが、捕らわれの養父のために自首し投獄され、観音の助力で牢破りを実行する。さらに頼朝への復讐心を棄てるために自らの目をくりぬく。歌舞伎一八番の「景清」の牢破りイメージは、荒事《あらごと》の象徴として景清像を決定的なものとした。

本文で記した鎌倉での景清の岩窟以外にも、山口県の秋芳洞《しゅうほうどう》、京都の清水寺《きよみずでら》、東大寺の転害《てがい》門《もん》など、後世の文学が生み出した伝承史蹟が少なくない。また景清が目をくりぬいた話をもとに、眼病平癒《へいゆ》の信仰も広がった。熱田神宮《あつたじんぐう》の景清神社はその伝承の一つだとされる（以上の諸点については、『伝奇伝説大辞典』角川書店、一九八六を参照）。

## 謡蹟あれこれ――その二

『平家物語』関連以外での鎌倉の謡蹟はそれほど多くないが、たとえば『六浦《むつら》』に登場する金沢称名寺の「青葉の楓《かえで》」は有名だろう。

この地を訪れた冷泉為相《れいぜいためすけ》（母は阿仏尼《あぶつに》）が、「いかにして此一本に時雨《しぐれ》けむ　山に先たつ庭のもみぢ葉」（季節の紅葉を楽しみに来たのに、紅葉していない山々の木々に先立ち、この木だけが自分のために紅になってくれたことのやさしさよ）と詠《えい》じたという。

この歌に感じた楓の精が「あゝ面目の御詠歌やな我数ならぬ身なれども、手向《たむ》けの為にかくばかり」として、以後この楓は面目をほどこし、常磐木《ときわき》のようになったという。

為相の『藤谷和歌集《ふじがやつ》』を典拠とするものだが、「草木国土悉皆成仏《そうもくこくどしっかいじょうぶつ》」の仏徳《ぶっとく》を讃《たた》えた作品でもある。今日伝わっている楓は二代目だといわれているが、江戸時代のこの謡蹟に関しては『鎌倉攬勝考』にも詳しく語られており、観光名所であったことをうかがわせる。なお中世後期の文明年間（一四六九〜八七）の成立とされる堯恵《ぎょうえ》『北国紀行《ほっこく》』にも、為相の歌とともに楓のことが記されており、名所とされたのはそれなりに古いと思われる。

金沢六浦の地は『放下僧《ほうかぞう》』の謡蹟で知られる。瀬戸三島社の「三本杉」がその舞台とされる。下野《しもつけ》住人牧野小次郎が兄とともに放下僧（禅僧）に身をやつし、父の敵討をするという話で、「諸法実相《しょほうじっそう》の理」が説かれている。ここも江戸期には広く知られた場所であり、例の『鎌倉攬勝考』にも指摘するところである。

金沢六浦が鎌倉の東方口として謡曲に登場したとすれば、西方の江の島はどうか。『太平記《たいへいき》』に取材した『鱗形《うろこがた》』は有名だろう。ここにはワキながら北条時政《ときまさ》が登場する。江の島の弁財天《べんざいてん》に一族の繁栄を祈った時政が、三鱗《みつうろこ》の旗印を授かり外護をあたえるというものだ。鱗形は蛇体につきものであり、江の島の弁財天と龍神《りゅうじん》信仰の関連性が明瞭に語られている。

時政に関連して北条氏といえば、著名な『鉢木《はちのき》』もまた最明寺入道時頼《さいみょうじにゅうどうときより》で知られる。

時頼の廻国《かいこく》伝説の原点ともなった作品で、必ずしも鎌倉だけを舞台としたものではないが、広く鎌倉関連の謡曲としてあげることができる。* その点では後世のものだが、『広元』や『朝比奈』なども鎌倉関連の作品といえよう。

これらの内容の解説は別に譲るとして、再度話を江の島にもどすならば、例の『鱗形』以外にも『江島縁起』** を原典とする謡曲『江島』もある。欽明朝《きんめいちょう》のころ海上に江の島が湧出して弁財天が影向《ようごう》したので勅使が下向する。二人の漁夫が現れ、江の島誕生の様子と弁財天の教化による龍の邪心の変化のさまを語り、漁夫が消えた後に天女《てんにょ》と龍口《たつのくち》明神が勅使に宝珠《ほうじゅ》を捧げるという流れである。

江戸期には江の島が行楽地として脚光をあび、弁財天信仰の隆盛とともに名所を詠み込んだ箏曲《そうきょく》・長唄《ながうた》その他でも人気を博することになるが、いずれも謡曲が土台となっている。このほかにも指摘しなければならないいくつかはあるが、論旨に大きな隔たりはないので省きたい。ここで考えたかったことは、中世後期以降に登場した謡曲が、史蹟を生み出してゆく背景となっていることだ。多分にそれは歌枕の「名所《などころ》」的要素が濃厚で、文学性を前提とした観念的産物であったものが、庶民の意識のなかで熟成されて歴史的な遺蹟と同列視されるにいたったものだった。

謡曲の多くはその歴史のなかで、実在への期待が高まるにしたがい、謡蹟として定着するにいたる。江戸時代はその意味で謡蹟に命を吹き込み、それを歴史の枠組みにすえることに成功した。古都鎌倉に行楽地・観光地という新しい息吹を入れることで、付加価値がつけられるにいたった。

鎌倉とはなにか――という問いの答えを江戸期のなかで見いだすとすれば、それが古都としての発見であるとともに、その古都のなかになにを見つけたのかという問題だろう。伝承・伝説もつつむ形で醸しだされた謡蹟の数々が、近世の時代に鎌倉のなかに開花していることは、そこに成熟した文化の地層も確かめられるはずだ。

江戸時代が過去の歴史に旋律を見つけ、それへの解釈を可能とさせた段階だとすれば、史蹟あるいは謡蹟への認識の深め方に、時代の気分を感ずることもできるはずだ。

江戸の時代は謡曲もさることながら、歌舞伎・講談などを介《かい》し歴史が脚色された時でもあった。古都としての鎌倉に〝文化〟をみいだした時代、それが近世だった。近代が鎌倉という場に〝政治〟（南朝主義や脱亜入欧による封建制の故郷）を見つけたのとは、そうした点で位相を異にする。

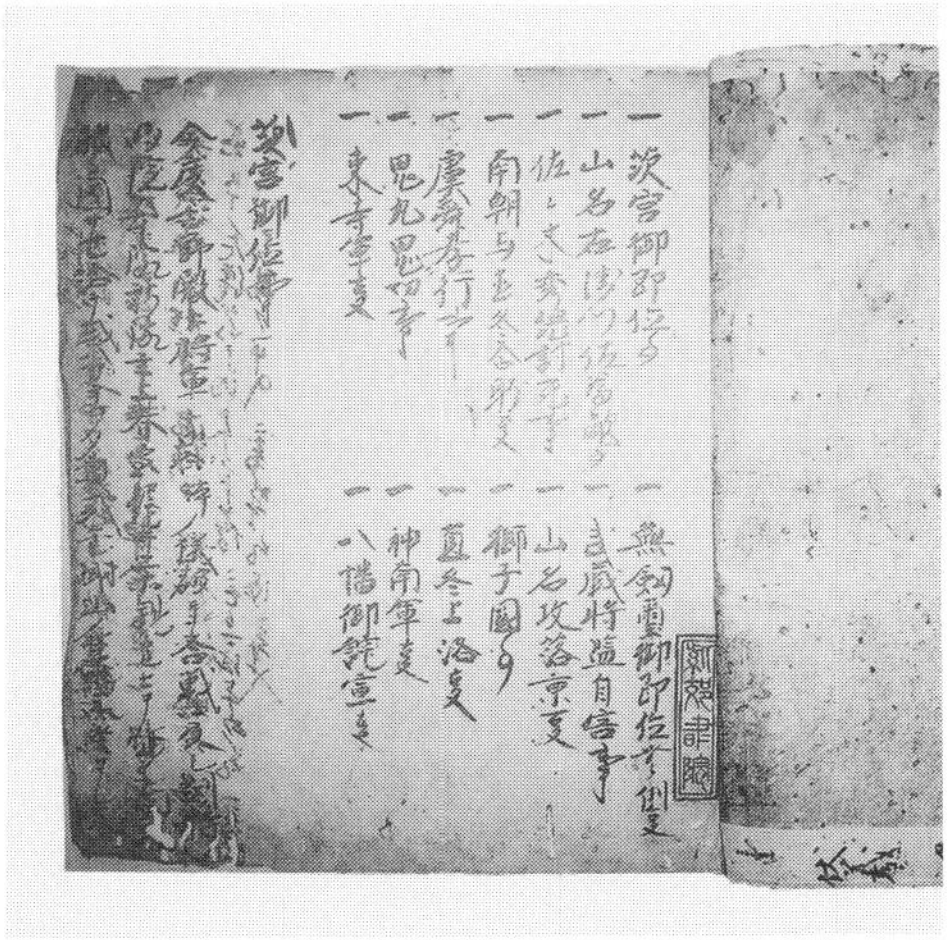

▲『太平記』稿本

▲「江の島」(歌川豊春画)

＊　ついでに北条氏関連でいえば、明治以後の新作能にも見えている。たとえば『時宗《ときむね》』（昭和十五年）がそれだ。これは高浜虚子《たかはまきょし》の作詞にかかるものだが、鎌倉を舞台とする新作能では『義経《よしつね》』（昭和十七年）も虚子の作詞による。戦後では『実朝《さねとも》』（昭和二十五年）、『龍《たつ》の口《くち》』（昭和二十七年）、『大塔宮《おおとうのみや》』（昭和三十六年）などもある。

＊＊　『江島縁起』は鎌倉末期には流布していたとされるもので、江島神社と岩本楼に『縁起絵巻』五巻が現存する。深沢の池に三〇丈の五頭龍が住み、悪行を重ねていたが、武烈天皇の時代に八カ国の民が相談して、龍の生贄に子を捧げることとなった。この苦しみを憐れんだ弁財天女は、欽明天皇の時代に諸衆をともない現れ、天龍八部四天に命じ、海上に島を造らせ、悪龍と約諾し夫婦となることで悪龍を教化した。縁起の骨子は以上であるが、謡曲『江島』（観世弥次郎長俊の作）はこれをもとに作られている。

# Ⅲ　中世は鎌倉になにを創ったか

伝源頼朝像

## 鎌倉の自己主張——中世・武家・鎌倉

これまでは近代そして近世の鎌倉を考えてきた。それぞれの時代を語ってくれそうな史跡を紹介することで、過去の時代の断層をながめたが、ここでの課題は、その核心ともいうべき中世の地層をボーリングする。その場合の地層とは観念的なそれとは別に、文字どおり考古学的成果も射程に入れながら探りたいと思っている。

近代・近世ともどもに時代を特徴づける表情があった。武家の都であった鎌倉から発せられた表情が存在した。中世の時代も当然ながらそれはあるはずである。それはどのようなものであるのか。

この問いには多分に中世とは、あるいは武家とはなにか、という問題も含まれる。このことを考えるにあたり、地域の自己主張という視点からながめておきたい。そこには、どんな切り口が用意できるのか。以下その趣旨を中世・武家・鎌倉の視点から簡単に述べておく。

①中世の視点——地域的自己という表現が妥当かどうかは別にしても、東国《とうごく》に鎌倉とい

う光源を宿《やど》したことは、地域の歴史に大きな画期をなした。それまでの古代と異なる社会の構造が生み出されたからである。

総じてわが国の古代の国家は東アジアの中華帝国の余光のなかで、これを模倣し、集権的国家を創出した。そこにあっては奈良・京都を軸とする律令的な国家システムが創《つく》られた。畿内を中心とする〝西高東低〟型の国家が形成されたといえる。

中世という時代は、西国と東国のこうした権力の気圧配置を平均化するうえに大きく作用した。一般に封建制と呼ばれる社会システムは権力の分権性を前提とするが、中世は不均衡であった西と東の権力の地域的偏差を解消させた時代でもあった。

そうした意味で領域性をともなった日本国は、この中世の封建制の時代に成立したことになる。武家の政権が東国の地域的主張に大きく寄与したことは当然だが、それとともに日本の歴史のなかで、中世は東アジア的世界と別種の歩みを選択した時代ということになる。鎌倉時代はその分岐点となった段階だった。

②武家の視点――東国という問題や東アジアという問題から離れて、地域の自己主張を武家の立場で整理すると、どのような理解ができるのか。ここではやはり、武士による武士のための政権が、この鎌倉の地からスタートしたことに集約されよう。

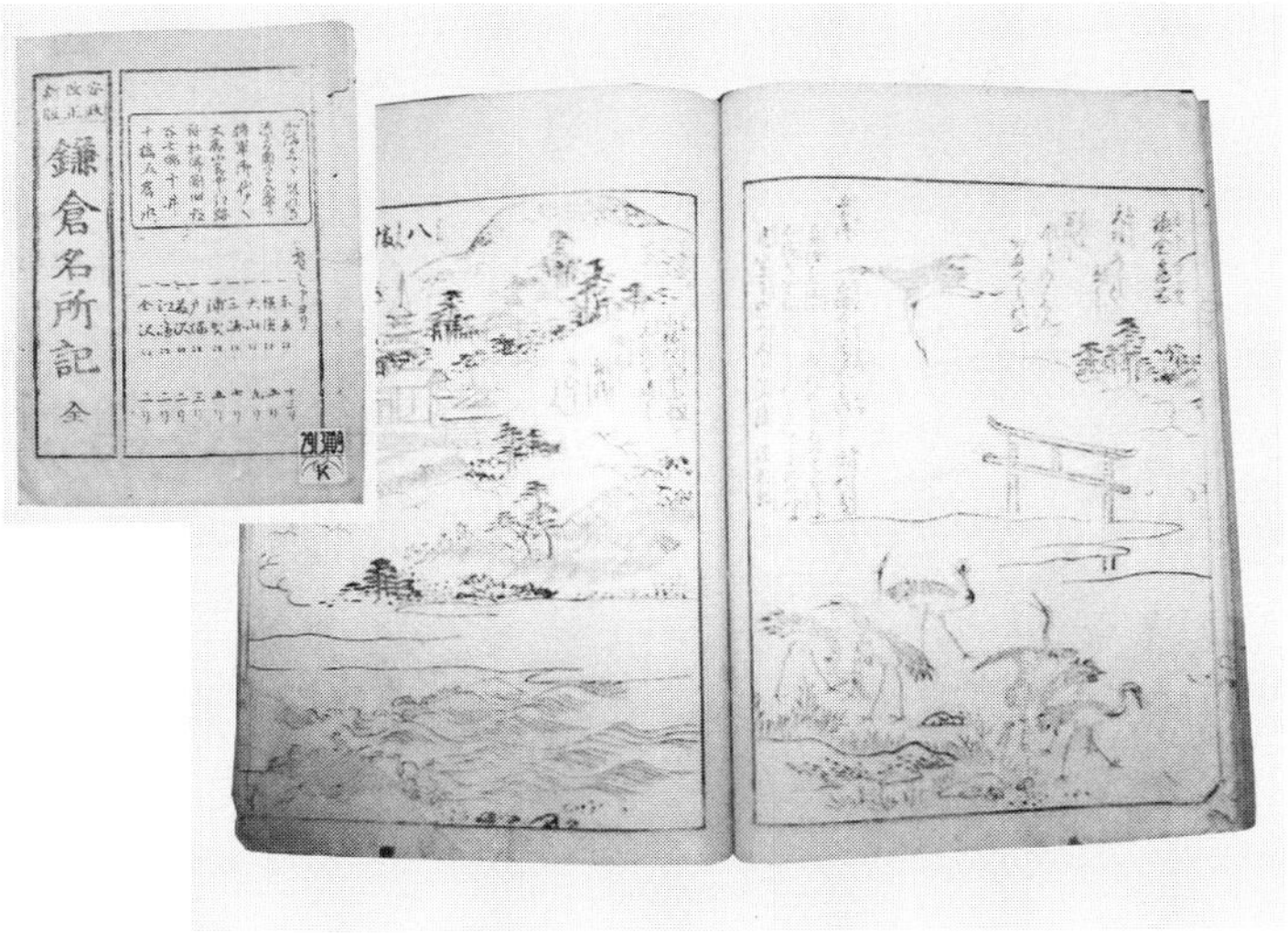

▲『鎌倉名所記』

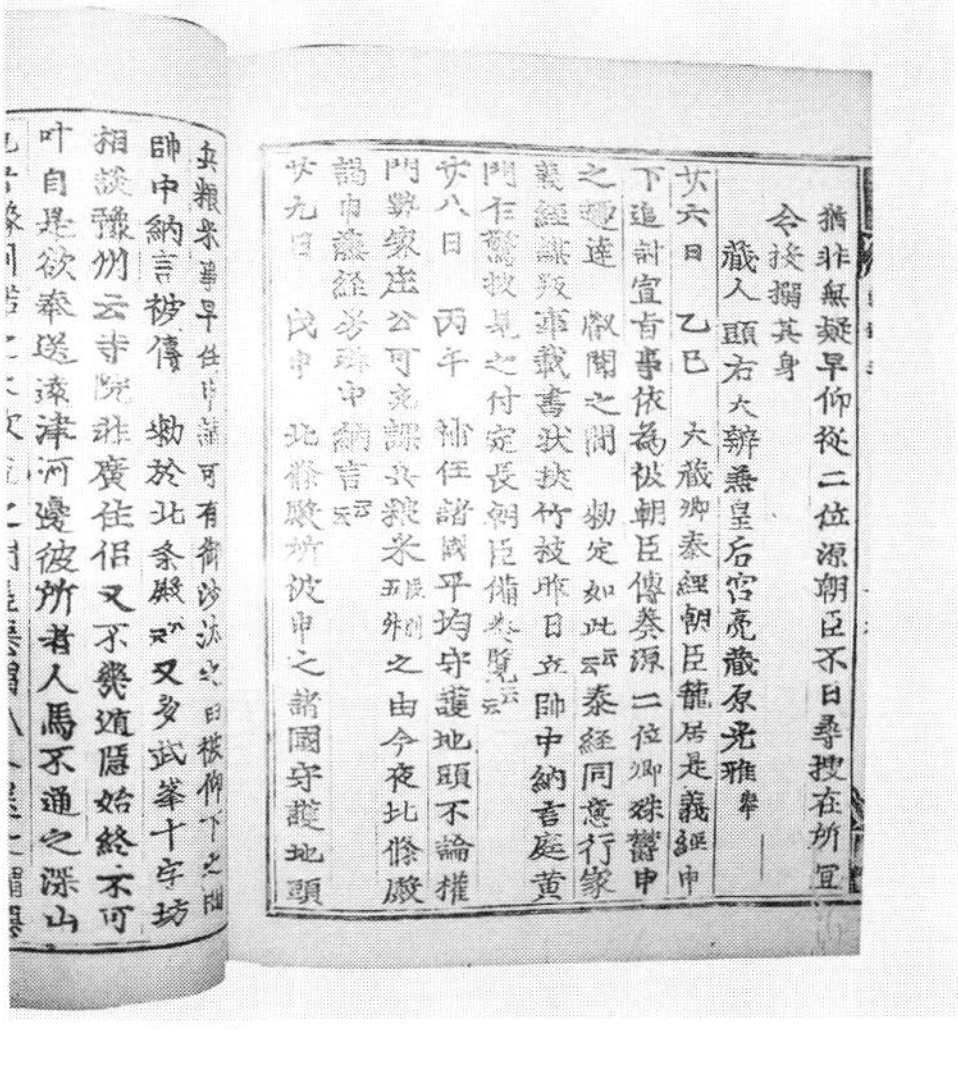

◄『吾妻鏡』(伏見本)

「鎌倉武士」としばしば呼称される武士像には、後世の観念が付着してはいるが、土着《どちゃく》・地生《じば》えの名字《みょうじ》をもつ在地領主が政治権力の主体となったことの意義は大きい。各地域に誕生した地方武士たちが、中世という時代に見あうかたちで自己の政治集団を結成させた。武家政権成立の歴史的意味は、なによりも彼らの自己主張の産物ということができる。少しむずかしく表現すれば、武士自身による階級的結集の場を創りあげたということだった。

③鎌倉の視点――①の中世が「時代」、そして②の武家が「権力」という枠組みでの主張だとすれば、ここでの切り口は時代と権力の交点を「地域」から考えることにある。これまでの視点にあっては、それぞれが地域的主張を共有するものの、③についてはその本質的な内容が含まれていよう。

これを考えることで、中世なり武家への射程につなげたい。鎌倉の地域的主張といった場合、ここに指摘したもろもろの論点が考えられるわけで、鎌倉の地はそれが凝縮された世界だった。

鎌倉の誕生を端的に意義づけるなら、京都＝天皇（公家）を基調とした日本国に、もう一つの軸心を用意したことであった。将軍（武家）の拠点として、双円的とも楕円的とも表現しうる政治の構造を用意したことである。こうしたことのさらなる意味は、のちにもふれることになろう。時代・権力・地域が自己主張することのおおよそを、以上のように解しておく。

ここでの課題はそれを史蹟から考えることであるが、中世そして武家の表情にそぐう史蹟をどのように選択するか、その選択の仕方もまた問われよう。以下ではそれを三つの史蹟——鶴岡八幡宮《つるがおかはちまんぐう》・永福寺《ようふくじ》・大仏《だいぶつ》を取りだすことで概観したいと思う。

この三者を選んだ理由は、そこに鎌倉の主張がこめられていると判断されるからだ。あわせてこの三者については発掘の成果が報告されており、〝地下からの証言〟も大きな魅力となる。

## 奥州の鎮魂——永福寺から

中世を演出するという点では、前にふれた三つの史蹟はそれぞれに意味をもつ。が、ここではまず①の論点である日本国の成立（権力の分散化にともなう領域的国家。辺境の消滅）を考える材料として永福寺を取り上げたい。理由は鎌倉と奥州《おうしゅう》とのかかわりを象徴しているからだ。

中世が地域的個性を生みだした時代であったことはすでにふれた。領主的風貌を有した地域的名士（＝住人）は、武士として登場する。かれらの武の勢威《せいい》（武威《ぶい》）を政治の権力として集約したのが鎌倉の政権だった。

東国を起点に誕生した鎌倉的な武威は、これを全国に広げる方向を有した。鎌倉時代の奥州合戦そして承久《じょうきゅう》の乱は、その武威で東北（奥州）を、さらに西国を〝通分《つうぶん》〟した。このことの意味は、あらためて考えなければならないが、鎌倉武士団の東遷（奥州移住）や西遷（西国移住）はその象徴だろう。

ありていにいえば、関東の〝種子〟が全国へと散布されたということでもある。武威の飛沫《ひまつ》が散らばった。日本国という法と制度と文化が一体化した政治空間が、いつ誕生したかという問いも、この論点とかかわるだろう。

中世が中世である意味は、まさにその日本国の誕生というテーマにかかわる。古代律令制下での畿内を基軸とした西高東低型国家からの脱却は、おそらく鎌倉幕府による奥州合

▲中尊寺金堂内陣(岩手県平泉町)

▲「永福寺舊蹟」の碑(鎌倉市二階堂)

戦と、さらには承久の乱で達成されたと思われる。

とりわけ前者の奥州合戦は、東国＝坂東《ばんどう》における古代以来の蝦夷《えみし》戦争の最終章に位置する。中華主義に立った律令的古代は、東北を辺境（フロンティア）と認定し、これへ武的エネルギーを注入することに意を用いた。

かつて「蝦夷征伐」と表現された内容だった。坂上田村麻呂《さかのうえのたむらまろ》も源義家《みなもとのよしいえ》もそれぞれが、この奥州とかかわり、国家版図《はんと》の拡大に寄与した。そして頼朝《よりとも》による奥州合戦は、日本国に残された政治的フロンティアを、その武威で消滅させることとなった。

中世が均一的な政治権力を誕生させたことで、「日本」があらためて創られたことになる。中世の日本国の創出に鎌倉がかかわっている意味は、ここにある。

いささか観念的な物言いとなったが、永福寺についての意味を広く知ってもらうために少し廻り道をした。

永福寺はそうした問題を考えるための史蹟ということができる。頼朝の武威により滅ぼされた奥州を鎮魂するための寺。その永福寺には奥州を平定した鎌倉の「征伐」の記憶が刻みつけられている。

若宮大路《わかみやおおじ》の三の鳥居に交差するように、六浦道《むつらどう》が走っている。雪の下・大倉を経由すれば、二階堂＝永福寺の地は目前である。文治五年（一一八九）の奥州合戦のおり、平泉《ひらいずみ》入りした頼朝は中尊寺《ちゅうそんじ》の二階大堂（大長寿院《だいちょうじゅいん》）の壮麗さに感じ、これを鎌倉の地に実現したとされる。

「奥州において、泰衡管領《やすひらかんれい》の精舎《しょうじゃ》を覧《み》しめ、当時花構《かこう》の懇府《こんぷ》を企てらる。かつうは数万の怨霊《おんりょう》を宥《なだ》め、かつうは三有《さんう》の苦果《くか》を救はんがためなり」（『吾妻鏡』文治五年十二月九日条）と。

頼朝は奥州合戦の翌年、上洛《じょうらく》を果たす。永福寺の建立《こんりゅう》はその上洛に先立ち発願《ほつがん》されたものだった。文治五年末のこの時期、内乱が幕を閉じた。治承《じしょう》四年（一一八〇）の挙兵以来、一〇年におよぶ歳月が流れていた。その意味で頼朝にとって永福寺の建立は奥州への勝利宣告のみならず、平家《へいけ》の怨霊を慰め鎮《しず》めるための象徴だったろう。

建久《けんきゅう》年間（一一九〇〜九九）に完成をみたこの寺院には、〝建久偃武《えんぶ》〟とも表現できる内乱終結の意志が代弁されているようだ。現在は萩《はぎ》と薄《すすき》が身の丈《たけ》ほどものび、かつての壮麗さを想像することもむずかしいが、永福寺はたしかに鎌倉と奥州そして中世の日本国をつなぐ接点でもあった。*

＊　永福寺と二階堂を一体として解する考え方は、今日においてはほぼ通説であるが、これが流布したのは江戸時代の『新編鎌倉志』を経て『新編相模国風土記稿』においてだった。その『風土記稿』では「頼朝奥州ヨリ凱旋ノ後奥ノ大長寿院ノ二階堂ニ擬シテ、当所ニ二階堂ヲ建立シ三堂山永福寺ト号ス」と説明する。

永福寺＝二階堂説に関しては、これを疑問とする理解もある。なん度かふれた「鎌倉史蹟疑考」にあっては、これを別物と解し、永福寺は現在の比定地と別の杉ヶ谷《すぎがやつ》にあったとする。さらに『吾妻鏡』に所載の文治五年と建久二年の二つの記事に関し、前者を永福寺に、後者を二階堂の建立にかかわるものと指摘し、その目的も永福寺を怨霊鎮魂のためとし、二階堂を上洛後の頼朝による四海平定と権勢の誇示のためのものとする。すなわち文治五年のものは「今日永福寺事始也」（十二月九日条）とあり、造営《ぞうえい》の事始めから三年も経過してなお建久二年において、頼朝が大倉山に伽藍《がらん》建立の霊地を探すとの記事（一月十五日条）は、造営後もなお候補地を探すという印象をあたえ、矛盾しているとする。

一般的には文治五年末の造営の事始めは、これを完成とみる必要はなく、造営にむけての起点と解釈し数年を費やして建久年間に造営がなされたとの立場をとっている。おそらく建久元年の上洛後に、永福寺への頼朝の構想に少なからず変化があった可能性もあり、鎮魂の寺の性格に加え文化的風趣への憧景《どうけい》が重なったために、造寺構想の改変もなされたことが大きかったのかもしれない。その意味では、この両者の記事に齟齬《そご》はないとの理解である。現在までの発掘の成果からも、このことは了解されるところだろう。

ともあれ「鎌倉史蹟疑考」の説にあっては、『吾妻鏡』の記事の信頼度にかかるわけで、発掘成果とのスリ合わせが今後の課題となろう。種々なる議論もあるが、ここでは永福寺＝二階堂という通説によりつつ話をすすめている。

## 永福寺蹟からわかること

鶴岡八幡宮（寺）・勝長寿院とならび、頼朝の建立にかかる三大寺院の一つが永福寺だった。大倉御所を囲む三つの寺院群のなかでも、鬼門（東北）に位置した永福寺は、種々の思惑が宿されていた。

初期の鎌倉ではこの永福寺も含め六浦道（金沢道《かねさわ》）にかけて、重要な施設がおかれていたようだ。鎌倉市域の南東、滑川《なめりがわ》の支流である二階堂川の開いた沖積地の最奥部に位置していることがわかる。

鎌倉宮《かまくらぐう》の背後に位置したこの場所は、標高六五メートル前後の低い山々で囲まれている

平場《ひらば》で、主要伽藍と苑池《えんち》跡が確認されている。以下ではこの永福寺の発掘成果によりつつ文献史料とのすり合わせをしておこう。＊

①景観の特殊性――鎌倉寺院の多くがそうであるように谷戸《やと》を利用し、伽藍が配置されている。京都と地形を異にする鎌倉においては、谷戸と丘陵部をたくみに利用して、苑池と三堂を中心とした多宝塔《たほうとう》・僧坊《そうぼう》・鐘楼《しょうろう》などが周辺の丘陵に配されており、自然を景観要素として取り入れたところに特色があったとされる。

現在までの発掘成果によれば、永福寺は文治五年（一一八九）十二月に事始めが行われ、建久三年（一一九二）に二階堂の完成、翌四年に阿弥陀堂《あみだどう》、そして翌五年に薬師堂《やくしどう》が完成をみて、その後の建仁二年（一二〇二）に多宝塔の建立という経過をたどったらしい。

②伽藍配置――全体として東向きの伽藍配置で、中央に二階堂（桁間《けたま》五間、梁間《はりま》五間）が、そしてその両翼（南北）に阿弥陀堂・薬師堂（いずれも桁間五間、梁間四間）があり、これらを複廊《ふくろう》でつなぎ、南北端より東方に翼廊《よくろう》が張り出される壮麗な姿だったようだ。

復元図を参照するとわかるように、堂前には橋が架けられ、池の内部には中島《なかのしま》が築かれていたという。いわば寝殿造《しんでんづくり》風の建築とみてよく、その庭園様式は浄土《じょうど》式庭園

▲ 永福寺復元図(想像)

▲ 永福寺薬師堂跡の発掘

だったと考えられている。

すでにふれたように、永福寺は奥州の平泉の精舎を模したものだった。三堂のうちでも中央の二階堂は中尊寺の大長寿院をモデルとしているが、これをふくめた阿弥陀・薬師の三堂と苑池の構造からすれば、藤原秀衡《ひでひら》の手になる無量光院《むりょうこういん》を範としているとされる。これが宇治平等院《うじびょうどういん》をモデルにしていることからすれば、永福寺自体の伽藍配置が浄土庭園の色彩が強いことも理解できる。

③時期と機能――出土した瓦《かわら》類の編年や遺跡などから永福寺は四期に区分されるという。Ⅰ期は頼朝時代から十三世紀前半の寛元・宝治年間（一二四三〜四九）まで、Ⅱ期は十三世紀後半の弘安年間（一二七八〜八八）の火災まで、Ⅲ期は十四世紀の前半の延《えん》慶《きょう》年間（一三〇八〜一一）の火災まで、そしてⅣ期が十五世紀初頭の応永年間（一三九四〜一四二八）の火災までだとされる。

こうした区分を確認したうえで、永福寺の機能・役割について整理すると、なん度かふれたように幕府の祈願所的機能が想定される。極楽浄土《ごくらくじょうど》の空間を演出する配置もそれと無関係ではない。また、苑池東側の汀線《ていせん》が西側に移行しており、二階堂川沿いから参詣《さんけい》・礼拝するという西方往生《さいほうおうじょう》のための逆修供養《ぎゃくしゅ》の場としての性格もあったとされる。

さらに釣殿《つりどの》の遺構から、ここが宗教的空間のみならず別荘（住宅）的性格を併有していたことも推測されている。上洛後の頼朝が京都を実見したことで、鎮魂云々《うんぬん》とは異なる建築を構想した可能性も高い。頼家《よりいえ》・実朝《さねとも》時代には蹴鞠《けまり》・観桜《かんおう》のために利用されており、寝殿造に象徴される貴族的趣向と合致する。

ちなみにここに指摘した蹴鞠に関して、頼家の時代に頻出することは『吾妻鏡』に語られているとおりである。蹴鞠に用いる懸《かか》りの木として四木（桜・楓《かえで》・松・柳）が定着するのは、もう少し時代がくだるが、樹木根採検出や花粉分析から、柳や松の花粉も確認されており興味を引く＊＊。

④作庭《さくてい》——浄土建築の構想の実現のために、京都より作庭家静玄《せいげん》が招かれた。頼朝の懇請だったと思われる。静玄は『園城寺伝法血脈《おんじょうじでんぽうけちみゃく》』によれば静空《せいくう》の弟子とされる人物で、当時の庭園築造では名声をはせていた人物だった。

『吾妻鏡』には建久三年八月、頼朝がこの静玄に庭園の立石《たていし》のことで相談したことが記されている。出土瓦についても、その文様から南都《なんと》系のものが多く、静玄と同じく京都・奈良方面からの技術者の関与が予想されるという。

以上、永福寺について発掘の成果をおりまぜながら紹介した。ここに指摘した諸点からも明らかなように、永福寺は平泉と京都という二つの文化の接点ということができる。頼朝の武威がそれを実現させた。と、すれば鎌倉の史蹟としてこの永福寺が、担った意味も理解できるはずだ。鎌倉が日本国に向けて発信したものの一つということになろうか。

＊　永福寺の調査は昭和初期に赤星直忠《あかぼしなおただ》氏らにより進められたが、本格的な調査は戦後になってからで昭和二十年代末、昭和四十年代前半になされ、このあいだに県の史跡名勝、さらに国の史跡に指定された。発掘調査はその後、昭和五十八年（一九八三）から進められ平成八年（一九九六）までのあいだに豊かな成果をあげた。その内容については『史跡永福寺保存整備基本計画』（鎌倉市教育委員会、一九九七）に詳しく、本書の記述もこれにしたがっている。

＊＊　発掘調査の結果によれば、永福寺に関する文献史料（『吾妻鏡』『玉林抄《ぎょくりんしょう》』など）から、植物名（桜・梅・松・楓・柳・竹など）を抽出したうえで、これらの植生が永福寺境内のどのあたりに分布するかを分析している。考古学・自然科学・文献学の結びつきの成果がいかされている好例だろう。

## 鎌倉の聖地八幡宮——武神の発見

永福寺とともに頼朝の開府以来の聖地が、鶴岡八幡宮である。三方を山に囲まれ、海に向かって若宮大路が延びている。京都朱雀《すざく》大路に比されるこの大路は、鎌倉の中軸線ともいうべきものだった。

頼朝以前の八幡の社《やしろ》は、武家の力に見あうように小さかった。元《もと》八幡として現在も残っている。由比郷《ゆいごう》鶴岡の地に源頼義《よりよし》が、石清水《いわしみず》八幡をひそかに勧請《かんじょう》したことに由来するという。十一世紀半ばのことだった。父祖の地に入った頼朝は、小林郷北山にあらためて社殿を建立した。これが現在の鶴岡八幡宮である。

京都に対すべく構想された鎌倉は、まさしく「もののふ」の武都でもあった。「武士による武士のため」の政権を実現した頼朝にとって、王権の象徴たる天照《あまてらす》神とは別の守護《しゅご》神《しん》の存在が要請された。八幡神をすえることで武都の守神としたのである。

皇祖神《こうそしん》たる天照神とは別の秩序に位置する八幡神の存在は、源氏の氏神という以上に武神としての性格を濃厚に有していた。十世紀半ばの平将門《たいらのまさかど》の乱において、「新皇《しんのう》」を宣

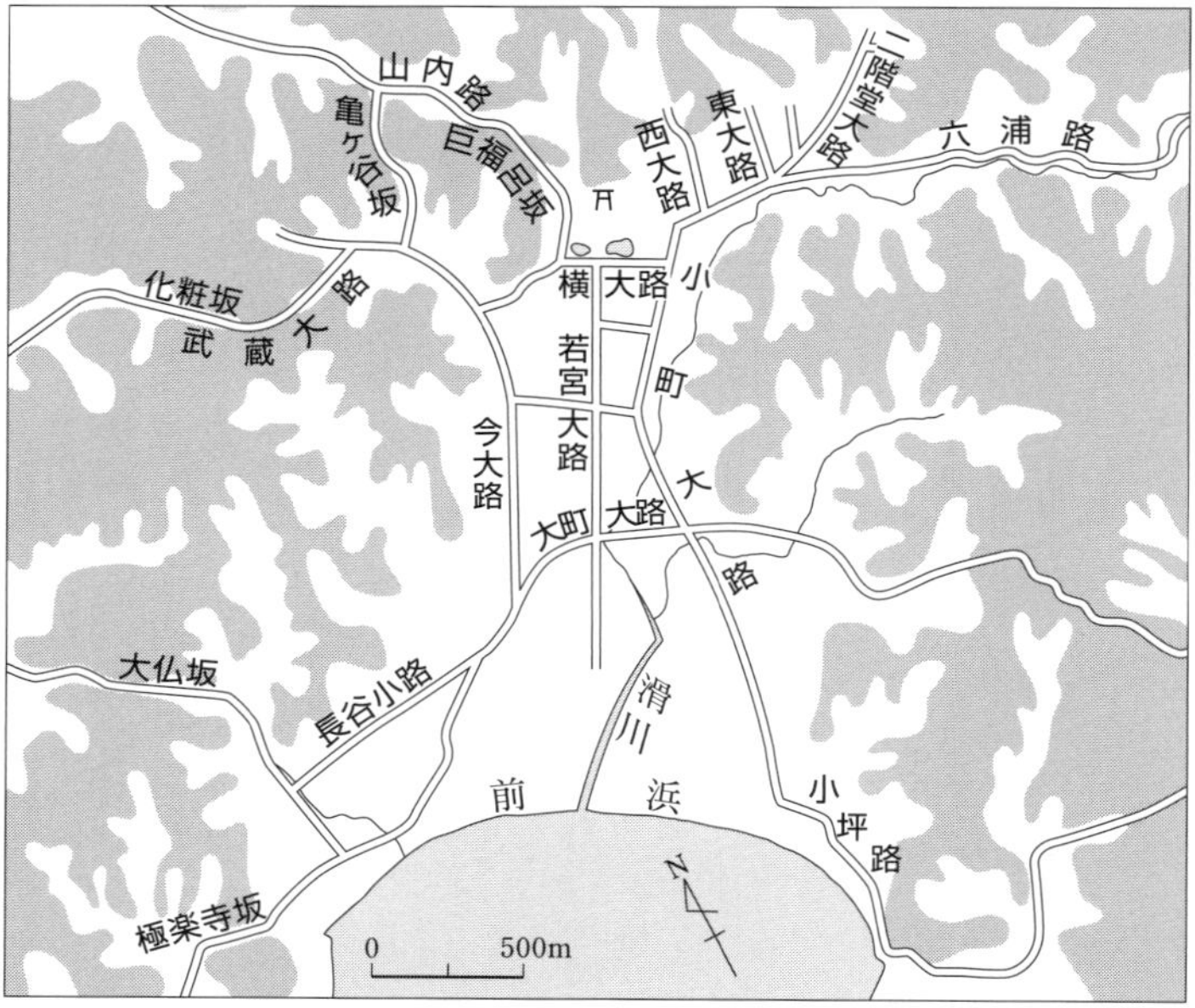


▲鎌倉の道路略図　鎌倉考古学研究所編『中世都市鎌倉を掘る』より作成。

▲鶴岡八幡宮(明治初期)

◄平将門像

言した将門に、その地位を保証したのがほかならぬ八幡大菩薩《だいぼさつ》だった（『将門記』＊）。京都の「本皇」（天皇）に対比されるべき「新皇」は、坂東自立にむけて八幡神の託宣《たくせん》により認知された。

この将門の乱にも示されているように、八幡神は天照神とは異なる世界を創るうえで、大きな役割があたえられていた。王朝的秩序からの解放——この点にこそ武家が自らの守護神たる八幡神を頂く理由だった。

その八幡神を背負う形で鎌倉の都市プランは構想された。中央の若宮大路の東側にこれと平行して小町《こまち》大路が、西側には平行して今《いま》大路が、そしてそれをつなぐものとして、八幡宮前に横大路、さらに二の鳥居のところにも中ノ下馬《なかのげば》に通じる横の道、それから下《しも》ノ下馬のところには大町《おおまち》大路が交差する。

北条氏の有力者たちは、鎌倉内外の主要拠点に屋敷を構えていたとされる。このことはたとえば武蔵《むさし》大路に北条政村《まさむら》の別荘があったように、また得宗《とくそう》権力の拡大に応ずるように鎌倉の内部や鎌倉周縁部にも北条氏と結びついた大寺院が創建されている。

当然それが戦時体制下にあっては、軍事施設にも転用された。軍事施設という点では、若宮大路も例外ではない。神への参道と軍事道路、一見そぐわぬ感もあるが、近年の発掘事例は、この問題にそれなりの解答をあたえている。

＊『将門記』には天慶《てんぎょう》二年（九三九）の末に常陸《ひたち》・下野《しもつけ》を攻略した将門が、上野《こうずけ》にいたり国庁において神託《しんたく》をあたえられたと記す。「その後、府を領して庁に入り、四門の陣を固めて、且つがつ諸国の除目《じもく》を放つ。時にひとりの昌伎《かんなぎ》ありて云えらく、『八幡大菩薩の使い』とくちばしって、朕が位を蔭子《おんし》平将門に授け奉る。その位記は、左大臣正二位菅原朝臣の霊魂表すらく、右、八幡大菩薩、八万の軍を起こして、朕が位を授け奉らん。今すべからく三十二相の音楽をもって早くこれを迎え奉るべし」と。このように表現されている。

## 若宮大路発掘次第——考古学は語る

かつての若宮大路はかなり広かった。『新編鎌倉志』所載の鶴岡八幡宮図には、道の両側に松並木が植えられ、その内側に人家がみえる。後世の若宮大路は、おそらくはこの人家の位置に対応する程度に幅が狭められたのだろう。京都の朱雀大路をモデルにしたとすればそれなりの幅の大路だったのかもしれない。

この点、たとえば大路の二の鳥居あたりから東側にならぶ妙隆寺《みょうりゅうじ》・大巧寺《だいぎょうじ》・本覚寺《ほんがくじ》が、いずれも大路に背を向けていることとも関係しよう。これら日蓮《にちれん》宗寺院は若宮大路の東側に平行に走る小町大路に正面を向けている。

その堂舎規模については、現存よりも若宮大路の東側のへりに近い位置にあったと推測される（この点前掲「鎌倉史蹟疑考」参照）。要は寺院あるいは御家人《ごけにん》屋敷などの建物の多くが、大路に背を向けて建てられていたらしい。

このことは近年の発掘の成果からも確かめられる（以下での内容は大三輪龍彦編『中世鎌倉の発掘』有隣堂、一九八三参照）。

①若宮大路の幅は現在のそれよりも広く、三〇～三五メートル程度であろうこと。そして両側に土手《どて》がありその裏に溝が確かめられることから、その奥が御家人屋敷にあたるであろうこと。

②したがって若宮大路自体は聖なる神の道としての性格上、人びとが参道として通行可能であったのは、その中央部の（今日の段葛《だんかずら》）玉石《たまいし》を敷きつめたところに限られてい

▲鶴岡八幡宮前，若宮大路の並木
(明治後期〜大正期)

◄若宮大路の発掘

た可能性が高いこと。

③有力武士の屋敷は大路の東側に多く、土手についても西側よりも東側がわずかに高かったこと。

以上のことを総合するならば、若宮大路が聖なる道であるとともに、軍事道路としての性格が浮上してくる。両側に土手が設けられ、一種の防衛線の役割をこの大路が果たしていたと解されている。

頼朝時代の三大聖地(鶴岡・勝長寿院・永福寺)は、いずれもが六浦道にそうかたちで建立され、幕府御所とともに有力御家人の屋敷もこのあたりに集中しており、大路東側の役割の重要性が注目される。*

若宮大路が東西を二分する防衛線であったとすれば、潜在的防衛の方向性が西に向けられているとの予想もなりたつ。京都の王朝を意識し、鎌倉の地勢を利用した軍事上の要衝としての若宮大路の役割に、あらためて注目する必要があろう。

このことは鎌倉滅亡のおり、新田義貞《にったよしさだ》の軍勢が稲村ヶ崎《いなむらがさき》・極楽寺《ごくらくじ》、さらに化粧坂《けわいざか》方面と西側から攻略し、最終的には北条氏側が東勝寺《とうしょうじ》で最期をむかえている事情とよく符合する。

軍事道路としての若宮大路の性格は、狭い鎌倉で戦乱がおきたおりにいかんなく発揮された。有名な和田義盛《わだよしもり》の乱でも北条泰時《やすとき》はここに布陣している（『吾妻鏡』建暦三年五月三日条）。それと同時に、両側に築かれたであろう土手が軍事的な意味を担っただけでなく、防火の面においても大きな役割を果たした。

江戸時代の火除地《ひよけち》もそうだが、類焼を防ぐために西と東を隔てる窪地《くぼち》の存在は、鎌倉全体を火事から防ぐことにもなった。このことは鎌倉の街区を構成する他の主要な道に関してもいえる。

概して鎌倉の道は思うほどに狭くはない。狭くまがったイメージは、鎌倉自体を要害の地と解するあまりの誤解にすぎない。軍略上の条件に加えて、防火上からも主要道は直線的につくられ、その内部に土手をつくるなどの工夫がなされていた可能性が高いとされる。

このことは泰時や経時《つねとき》の時代に幕府の措置として道幅を狭めることへの禁令をだしていることからも推察できよう（『吾妻鏡』延応二年二月二日条・寛元三年四月二十二日条）。

地下からの証言ともいうべき発掘成果とのすり合わせで、判明したいくつかを示せばこのようになるが、以下ではその証言をさらに別の史蹟から探ってみよう。鎌倉における名所中の名所でもある大仏である。

＊　ただし、古代の鎌倉にあっては、御成《おなり》小学校の郡衙跡の発掘例からも推測されるように、概して若宮大路の西方に官衙群の存在が認められるという。平安期の鎌倉の様子は不明ながら、その後ここに拠点を定めた源義朝は、その屋敷が『吾妻鏡』から寿福寺あたりにあったとされるのも、そうした点を考えあわせれば符合する。いずれにしても若宮大路の西と東にどんな遺跡があったのかは、今後の発掘にかかっている。

## 鎌倉大仏を考える

由比の浦といふ所に、阿弥陀の大仏を造り奉る由語る人あり。（中略）事の起こりを尋ぬるに、もとは遠江の国の人定光上人といふ者あり。過ぎにし延応の頃より、関東の貴き賤しきを勧めて、仏像を造り堂舎を建てたり。其の功既に三が二に及ぶ。（中略）

かの東大寺の本尊は、聖武天皇の製作、金銅十丈余の盧舎那仏《るしゃなぶつ》なり。（中略）此の阿弥陀仏は八丈の御長《おんたけ》なれば、かの大仏の半ばよりもす、めり。金銅、木像の変わりめこそあれども、末代にとりてはこれも不思議といひつべし。

『東関紀行《とうかんきこう》』は大仏についてその由来をこのように記した。仁治三年（一二四二）の成立と伝える同書は、京都・鎌倉往還の紀行文として著名である。

ここには定光《じょうこう》（浄光）上人《しょうにん》の勧進《かんじん》により、延応の時期（一二三九・四〇）に造営が始められたこと。工事が三分の二ほど終わったこと。東大寺大仏と異なり、長八丈の木造であったこと等々が記されている。

この『東関紀行』以前の大仏関係記事を『吾妻鏡』から拾うとつぎの四つとなる。

①暦仁元年（一二三八）三月二十三日条——深沢《ふかさわ》里で僧浄光の浄財による大仏事始めの記事。

②暦仁元年五月十八日条——「大仏の御頭を参げ奉る。周八丈也」とあり、頭部のすえ付けの記事。

③仁治二年（一二四一）三月二十七日条——大仏殿を建て「上棟之儀」がなされた記事。

④仁治二年四月二十九日条——「囚人逐電の事、預人の罪科軽らず」として、大仏造営

料の負担を御家人の新田政義《まさよし》らに命じた記事。

以上となる。したがって『東関紀行』が指摘するように、造営の中心人物＝定光（浄光）、造営開始の時期＝延応・暦仁、完成度＝三分の二に関しては、ほぼ合致する。完成度については寛元元年（一二四三）六月十六日条に大仏と大仏殿の完成供養がなされた旨の記事があることから、『東関紀行』の作者の目に映じた状況は、間違いなく完成度七〜八割程度の大仏だったのだろう。

それでは『東関紀行』以後の大仏の記事はどうか。同じく『吾妻鏡』である。

⑤建長四年（一二五二）八月十七日条――「深沢里に金銅八丈の釈迦如来像を鋳始奉る」

との記事（実際は阿弥陀如来像）。

ここには金銅《こんどう》製の像があらたにつくられたことがうかがわれる。③にあるような木像の大仏の落成からわずか九年後のことだった。

『吾妻鏡』所載の大仏関係の記事はこの五つに限られる。『東関紀行』をあいだにおくと、木造と金銅の違いがはっきりするはずだ。従来から謎とされたものが、鎌倉大仏の木造から金銅への変化だった。

これをめぐり木造のそれは金銅の原型であり、予定どおりのことと解する考え方もある。

▲長谷高徳院の大仏(明治期)

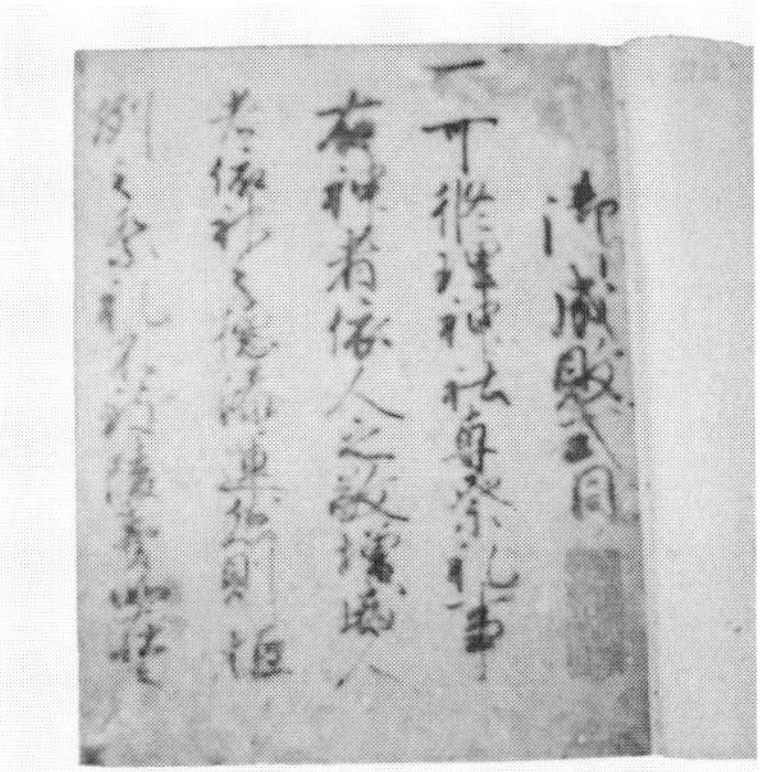

御成敗式目
一 可修理神社専祭祀事
右神者依人之敬増威人
者依神之徳添運然則恒
例之祭祀不致陵夷如在之

▲「御成敗式目」

が、別段これを謎として扱う必要もあるまい。要は木製であったがために壊れたのである。これがもっとも自然な見方だろう。

耐久性からしても、巨大な木像は倒壊をまぬがれない。たとえば宝治元年（一二四七）に鎌倉を襲った大風（『吾妻鏡』同年九月一日）も、あるいは要因の一つだったかもしれない。

いずれにしても、必要以上の深読みは禁物だ。現在われわれが目にする鎌倉大仏は、この建長の段階（『吾妻鏡』の⑤の記事）に鋳造《ちゅうぞう》が始められたそれである。完成については諸説があるが弘長三年（一二六三）くらいと推測されている。

『太平記』には大仏が倒壊し、軍兵五〇〇余人が圧死したことが記されているが、『鎌倉大日記《おおにっき》』などから十四世紀半ば以降には大仏殿が壊れたこと、十五世紀後半の文明・明応の段階にはすでに、露座《ろざ》であったと諸記録は語っている。

その後の星霜《せいそう》をへて江戸時代の十八世紀に祐天《ゆうてん》上人が高徳院《こうとくいん》建立にさいし修復し、今日にいたっている。

それはともかくとして、この大仏の造立の意味とはなんであったのか。予想しうる解答は、冒頭の『東関紀行』がいみじくも語るように、東大寺大仏にも対比される意識だった。

東国鎌倉の文化における自己主張といってもよいだろう。その変化を宗教というレベルでみれば、昨今の研究成果からほぼつぎのような理解があたえられる。*

その一つは、御成敗式目《ごせいばいしきもく》が関東の法であるのと同様な意味において、大仏は鎌倉の政治的・文化的象徴であったこと。加えて八幡神との関係からすれば、その本地仏《ほんじぶつ》として阿弥《あみ》陀仏《だぶつ》が想定でき、鶴岡八幡＝神と長谷大仏＝阿弥陀仏との相互関係に神仏両様の世界が認められることなどである。

その二つは、禅律《ぜんりつ》体制ともよぶべき鎌倉宗教界にあって、律宗《りっしゅう》勢力の拡大は天台宗《てんだいしゅう》を中心とする王朝勢力と対抗するうえでも重要であり、この律宗勢力との協調の成果が鎌倉大仏だとする。

以上の二つは、それぞれに補足しあう理解とみてよく、鎌倉大仏の歴史性がほどよく指摘されていると考えられる。

＊ たとえば上横手雅敬「鎌倉大仏の造立」（『龍谷史壇』九九・一〇〇号、一九九二）、清水真澄『鎌倉大仏――東国文化の謎』（有隣堂、一九七九）、馬淵和雄『鎌倉大仏の中世史』（新人物往来社、一九九八）などを参照。

## 大仏の考古学──地下からの証言

ここでは大仏の考古学的成果を少しく紹介しておきたい。以下は『高徳院国宝銅造地阿弥陀如来座像修理工事報告書』（鎌倉市教育委員会、二〇〇一・二〇〇二）などからの成果を借用しての話ということになる。

ところで大仏はブロンズ（金銅）なのだが、この原料はどうしたのだろうか。かりにつぎのような想定が成り立つならば、ドラマティックなのかもしれない。勧進僧の浄光が全国に浄財を求め、人びとから銭の喜捨《きしゃ》をえて、膨大な量の銅銭をもとに大仏を建立した、と。

かつて行基《ぎょうき》が東大寺大仏建立に向けて多くの人びとに勧進を募ったように、あるいは秀吉が方広寺《ほうこうじ》の大仏造立に際し、百姓たちから刀狩《かたながり》をして仏の功徳《くどく》を説いたように、浄財＝勧進をどのように実現したのか、興味ある問題ではないか。今日の考古学・文化財学は、この点に多少なりとも応じてくれるようだ。

この問題は金銅の成分比を調べることで、ある程度の予想が成り立つ。鎌倉期の宋銭《そうせん》の分析と対比することも可能である。あるいは奈良大仏との対比もできるはずだ。結論からすれば、銅・錫《すず》・鉛《なまり》・鉄などの材質のうちでも、鎌倉大仏の場合、鉛分が約二四％、銅が六七％という割合で、奈良大仏が銅が九〇％以上を占めていたことと比較すれば、その違いは明白だろう。鎌倉大仏は鉛が多かった。

このことは宋銭の組成《そせい》に近いとされ、その点から銭を用いたとの可能性も捨てたものではないことになる。ただし当時の交易状況から判断してそんな手間をかけずとも、中国産の銅のインゴットを輸入し、これを溶かした方がはるかに安価になるはずで、材料の大部分は博多方面から海のルートで鎌倉に運ばれたとみることもできるかもしれない。

ただし、これにはいささか難点もある。当時の中国において銅は銭の原料として貴重であり、これを国外にだすことがありえたか否か。鉛の成分比が多いとのことから、日本産の可能性も捨てきれない。このあたりはさらなる検討が必要だろう。この時期、宋人《そうじん》技術者の渡来が多く、大仏鋳造の技術的な関与も当然予想されよう。

それにしても本当に大仏はこの場所でつくられたのか。この疑問は考古学が解決してくれた。前述の調査報告書では、大仏殿の規模の推定にさいし前庭周辺を発掘の結果、現在の地表面《ちひょうめん》から一メートルで中世の参道《さんどう》と思われる地表面が現われたとする。

大仏周囲の海抜は一四メートルで、ここから八〇〇メートル離れた由比ヶ浜に緩やかな傾きをもつ。中世には海岸線が内陸にはいり込んでいたとされており、参道もさほど掘らずとも中世の地表に届くようだ。

大仏の鋳造に関していえば、周囲を土砂《どしゃ》で埋め鋳型《いがた》を固定しながら鋳込むという斜面堆積《しゃめんたい》《せき》の工法が用いられたという。われわれが大仏を間近でみると、像高一一・三九メートル（台座もふくめると一三・三五メートル）の大仏胸胴部に横線が確認できるはずであり、この線こそが斜面堆積の痕跡だった。その横線の数から全体を七段に分け鋳込まれたことが、判明したのである。

したがって銅を溶かす炉《ろ》を築きながらの作業を想定するならば、広い作業空間が予想され、大仏を中心とした円錐《えんすい》に近い墳丘が前述の参道に向けて築かれたと考えられる。鋳造完成の時点では大仏をおおった盛土《もりつち》は除かれるわけで、今日大仏周辺の地中から出土する鉱滓《こうさい》・銅片・鞴《ふいご》の羽口《はぐち》などは、その時代のものとされる。

これらの論点から大仏周辺から出土した銅片・鉱滓の蛍光《けいこう》X線分析法による化学組織（鉛同位体《どういたい》比法で銅のなかの鉛の比率を調査）の分析が試みられ、中国華北《かほく》産の青銅《せいどう》である可能性が高いとされる。こうした保存科学と考古学両方の成果により、大仏鋳造の工法技術

▲ 大仏殿跡の発掘

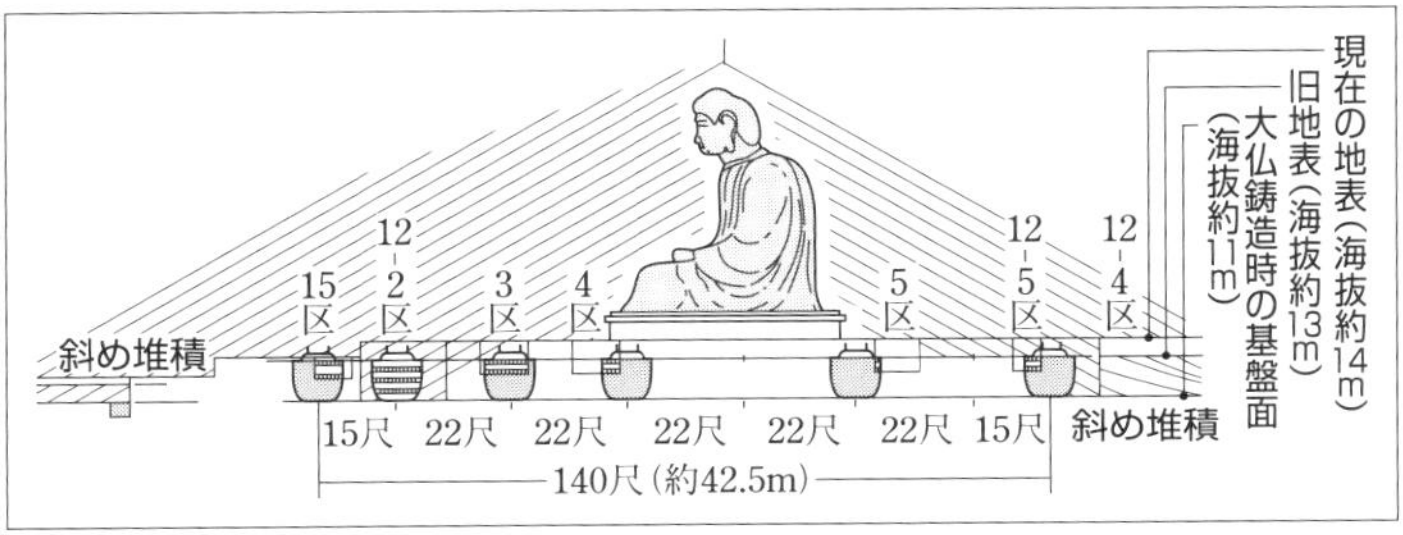


▲ 大仏殿根固め遺構模式図　『鎌倉』第94号より作成。

さらに青銅の産地比定など、従来の文献史学のみではむずかしかったことがらにも、解明の手がかりがあたえられるにいたった。

なお、今次の調査にあっては、応安二年（一三六九）の大風で倒れたとの記録（『鎌倉大日記』）以後、再建されなかった大仏殿の規模も確認されている。それによると、規模は七間四方で、桁行《けたゆき》は一四五尺（四四メートル）、梁行《はりゆき》は一四尺（四・二四メートル）と確認された。

また周辺からの出土物に瓦が確認されていないことから、創建時から大仏殿には瓦が使用されていなかったと考えられている（以上の成果については福田誠「大仏造立の痕跡を探る」『鎌倉』九四、二〇〇二を参照）。

そのほか、鎌倉大仏に関しての具体的発掘の成果は関係諸論考に譲るとして、ここでは文献史学と考古学あるいは保存科学などの学問的ハーモニーが、新たなる歴史学の地平を拓《ひら》く事例としての紹介にとどめておきたい。

以下では、永福寺・八幡宮（若宮大路）・大仏での具体例をふまえながら、あらためて「鎌倉とはなにか」について別の切り口から考えてみよう。

# 鎌倉殿について

いよいよ本書も大詰にはいりかけている。中世という時代が、鎌倉に創ったものを考えるころあいとなったようだ。中世的気分が付着する史蹟のいくつかを紹介してきた。

永福寺の存在に征夷《せいい》のあかしが。八幡宮に武家の棟梁にふさわしい武神のしるしが。大仏に東国独自の宗教的表明が。というように、それぞれに鎌倉の中世にふさわしい象徴性が語られていた。

そしてそのいずれもが、武家の都であることの証明だった。征夷の達成が地域的偏差の消滅にともなう日本国の誕生に寄与したことも、そして武神八幡を中枢にすえることで、天照神に代わるべく新たな神の認知を可能にさせたことも、さらに奈良と同様なる大仏を現出させたことで、宗教と文化と政治の練度を引き上げたことも、それがそれぞれに意味をもっていた。

これらは王権の所在地京都と相対的に異なる世界が生まれたことを意味した。東国の自立と鎌倉の自己主張は、古代から中世への転換のなかで実現された。鎌倉幕府を誕生させた内乱は、そうした意味で新たなる日本国を創った。

武家の政権は、その後七五〇年にわたり日本国の政治システムを規定しつづけた。東アジアにあって中国や朝鮮国とは異なる政治体制を創り上げたのである。アジアのなかの非アジア的要素を武家なり武士に見いだそうとする場合、それを生みだした母胎《ぼたい》たる鎌倉には、大きな歴史性が宿されていることになる。

それは単に歴史が古いとか、史蹟に富むとか、文化の香りが高いとか、そうした見方を軽々と越えてしまう大きさと重さがある。この質量の絶対性の故に、この地が発するメッセージを一挙に汲み上げることはむずかしいことも事実だろう。時代の表情を史蹟から採る方法でこの問題に接近しようとしたのは、こうした点とかかわっている。

それは別にしても、すでにふれたように地域が自己を主張する時代、これが中世であるとすれば、武家の首長たる鎌倉殿《かまくらどの》とは、その政治的表現にほかならない。東国の中世はこの鎌倉殿を誕生させたことで、これを政治の権力体として彫磨《ちょうま》し、京都に並びうる勢力を創ったのだった。八幡宮も大仏もいずれもが、それを表明するための精神的装置としての面を有した。

このことの具体的意味を別のいい方で語るならば、在来の京都を主軸にする同心円的政

▲伝源頼朝像

▲後白河法皇像

治構造からの解放ということだろう。鎌倉に新たな武の光源が登場したことで、東国にも政治権力の磁場《じば》が形成されたのである。双心的な軸が新しく生まれたわけで（楕円的構造）、しばしば指摘されている公武二重の政権構造とは、これを意味した。

いささか抽象的論議に走りすぎたようだが、あらためて鎌倉殿について考えてみたい。官制外の用語であるこの鎌倉殿は、武家の首長（棟梁）の意として使われた。多分にそれは実態的で私的な呼称であった。だから法制度上での幕府の成立云々とは、無関係に誕生した用語とみてよい。

ただし、いささか厄介《やっかい》なのは鎌倉の政権という場合、当初より簒奪《さんだつ》性を本質としたこの東国政権にあっては、合法的存在としてこれが認知される以前に、実態として坂東《ばんどう》武士が頼朝を推戴《すいたい》し自立的な権力を樹立していたことだった。

このことの重みを考えれば鎌倉殿とは、①王朝的秩序から排された官制外の実態的呼称であり、②主従制の形成のうえで、人的磁場の媒介となりえた存在であったといえる。

鎌倉殿は東国世界の代表者だった。権大納言《ごんだいなごん》とも右近衛大将《うこのえたいしょう》とも、あるいはまた征夷大将軍《たいしょうぐん》とも関係ないところで誕生した東国の主だった。鎌倉殿とはそのような存在だった。その後はその鎌倉殿に官職のさまざまが、権威として付加されていったにすぎない。

それでは鎌倉殿はいつ誕生したのか。その第一歩としてふさわしいのが、『吾妻鏡』治承四年（一一八〇）一二月十二日条に見える新造の大倉亭での移徙《いし》の儀の記事だろう。「およそ出仕の者三百十一人と云々。……しかりしより以後、東国皆その有様を見て、推して鎌倉の主となす」。

ここには、東国武士たちが頂く「鎌倉の主」の姿がそのままに語られている。官職もなく、私的な権力体としての鎌倉政権の本質が語られていよう。鎌倉殿はかくして誕生し、その後の内乱を漕ぎぬくなかで武的権威（武威）を増幅させていった。

鎌倉はその鎌倉殿の武威を担う都として、それにふさわしい空間へと変貌する。

## 武家と天皇──「至強」と「至尊」

幕府論・武家政権論に近い話となってしまった。高尚《こうしょう》にすぎるこの論議は、本来具体的な史料の積み重ねをへてなさねばならない。本書の性格上、いささかいい放しを承知のうえでもう少し続けたい。鎌倉殿をいただく武家と、これに対する天皇との関係についてである。

福沢諭吉の有名な著作に『文明論之概略』がある。そこにはわが国と中国の政治権力の変遷にふれ、武家の時代は「至尊《しそん》」と「至強《しきょう》」の分裂の時代だったと指摘されている。*価値の多元化にともなう新しい時代の到来を福沢はこのように解したのだった。

「至尊」に天皇が、そして「至強」に武家が配せられることはいうまでもなかろう。それは権威と権力の分裂とおきかえることもできる。武士という戦闘者集団が権力を掌握しても、精神的権威までは掌握していない状況ということになる。

この指摘は、こと改めての内容でもないはずだ。表現を異にしても同様のことが語られてきた。〝それが本来いかにあったか〟という設問でいえば、武家と天皇との関係とは、〝そういうもの〟だった。鎌倉という地が、そしてそこに創られた政治権力が、その後の日本国の歴史を画した分岐に位置したことは、理解できるはずだろう。

「至強」としての武家が鎌倉に誕生することで、重要なことは、「至強」と「至尊」が一体となった集権的官僚制国家と異なる道がとられたという点だった。アジア型の理念を中国に求めることの当否はしばらく凍結しておくとしても、鎌倉殿を首長とする「至強」集団（武家）が創造した幕府という政治システムは、中世が選択したものだった。

このことを理解したうえで、この「至尊」と「至強」のさらなる深い意味を考えてみたい。おそらくそれは、「至尊」たる天皇制が存続したことの歴史的解答に関係する問題でもある。それが〝いかにあったか〟とは別に〝なぜあったのか〟という問いのなかで、用意されるべき問題ということにもなる。

天皇制の存廃という点でいえば、謀叛《むほん》の政権として出発した頼朝の鎌倉は、いくつかの段階を体験した。「至尊」の危機と「至強」の好機が治承四年（一一八〇）から文治五年（一一八九）の「内乱の一〇年」のあいだにいく度か訪れた。源平の争乱も守護・地頭の設置も、そして奥州合戦もつつみ込んだこの時期において、東国に誕生した武家の政権の原形が創られた。そしてその最終的なかたちは承久の乱で決した。

王権との融合よりも共存を選ぶことで、武家は諸国守護権を掌握し、軍事権門《けんもん》として位置づけられた。天皇制を瓦解《がかい》にみちびく急進的な変革は、文治元年（一一八五）をピークとしてその後は弱まることになる。その限りでは奥州合戦後の鎌倉殿頼朝の上洛は、王権（京都）との共存を鮮明に打ち出す象徴的事件でもあった。

日本国の枠内において、京都とは一線を画した権門が東国に存在する。そのことの表明がなされたのだった。清盛《きよもり》の平氏の政権のように、京都の王権に接近することで権力を掌握する道もあった。東アジア的世界にあっては、平氏のように王権の内部で武権を成熟させる方向が一般的であった。

平安末期は武権の伸長をめぐり二つの方向があったことになる。一つは京都において自らが貴族化・権門化しつつ、王朝権力の内部に武権の基盤を形成する方向である。清盛の平氏政権はこれを選択した。

だが、東アジア国家の多くがそうであるように、集権的官僚制との軋轢《あつれき》からの脱却には、専制化にともなうクーデタでしか自己の存立を保ちえない状況もあった。これが一歩進めば、王権（天皇制）の否定という事態につながる。歴史に〝もし〟は禁じ手だとしても、京都に王権と武権が同居したならば、平氏と同様に近親憎悪的な形で王権の否定が可能となったかもしれない。

しかし現実は謀叛の政権として出立した東国の政権は、それまでの王朝的尺度から距離をおくことで成り立っていた。清盛に義仲《よしなか》に、そして義経《よしつね》にも通用した尺度は、鎌倉の頼朝には通用しなかった。鎌倉殿たる頼朝は、官職に就くことに積極的ではなかったからだ。**

この政治的距離こそが、鎌倉の武権を自立させた理由ともなった。鎌倉殿は内乱期を通

◄伝僧形平清盛像

► 福沢諭吉

じ動かなかった。あるいは動こうとしなかった。京都の王権に接近しないという政治的距離を保障したのは、単純なことだが鎌倉の地理的距離である。

東国鎌倉に築かれた権力の磁場は、鎌倉殿を貴種にすえることで王権に代わるべき存在として機能させた。京都の朱雀大路に見立てた若宮大路の存在に、武都たる鎌倉の本質が語られている。

鎌倉の内裏《だいり》ともいうべき鶴岡の八幡神は、皇祖神天照に対比されるべき武神だった。このような京都の擬似空間の創出は、王権の中枢から分離していたことで可能となる。

戦前の著名な歴史家の一人に辻善之助がいる。辻は前に紹介した『頼朝会雑誌』創刊号に寄稿した「頼朝論の一節」なる論文で、武家の将軍政治を評し「皇室に取っては、一つの安全弁になっていた」と指摘している。思考の方向は同じではないが、比喩《ひゆ》としてはそのとおりなのだろう。

天皇制が存続してきた理由とは、東国に鎌倉幕府が誕生したことが大きかった。それはまことに歴史の皮肉でもあった。謀叛の政権として出発した鎌倉殿の政権は、天皇（院）さえ打倒しうる力を有したし、現実にもそれが可能だった。義経問題を機とする文治元年（一一八五）は、その最大の時期だったが、頼朝はそれを選択しなかった。

鎌倉政権が現実の歴史の場で、「至強」としての存在を京都の王権（至尊）に対し打ち出したのは、建久元年の頼朝の上洛においてであったろう。

＊　福沢は『文明論之概略』において中国と比較しつつ、「至強」に関してつぎのように述べる。「わが日本にでも古《いにしえ》は神政府の旨をもって一世を支配し、人民の心単一にして、至尊の位は至強の力に合するものとしてこれを信じて疑わざるものなれば、その心事の一方に偏すること、もとより支那人に異なるべからず。しかるに中古武家の代に至り、ようやく交際の仕組みを破りて、至尊必ずしも至強ならず。至強必ずしも至尊ならざるの勢いとなり、民心に感ずるところにて至尊の考えと至強の考えとはおのずから別にして、あたかも胸中に二物を容れて、その運動を許したるがごとし」と論じている。

＊＊　建久元年（一一九〇）の上洛にさいし、頼朝は権大納言・右近衛大将に任ぜられ、これを一旦は受けるがすぐにこれを辞している。帰洛後頼朝は辞職した官職をフルに活用し「前右大将家」の肩書で政所下文《まんどころくだしぶみ》を御家人《ごけにん》にあたえている。

そのあたりの事情は、政治家としての頼朝の力量が表明されている。朝官を「辞退」したのではなく、一旦は授与されたものを「辞職」するとの判断が、大きなポイントとなる。頼朝が征夷大将軍にこだわったのは、恒常の官職ではなく、臨時的な要素が強く、朝官との連接度が薄いとの判断によったのではあるまいか（この点、拙著『源頼朝　鎌倉殿誕生』ＰＨＰ新書、二〇〇一を参照)。

## 鎌倉発、日本国へ

「海人野叟《かいじんやそう》のほかは、卜居の類これ少し」(前掲『吾妻鏡』)。

開府以前の鎌倉を描写するこの文は、ことさらに辺鄙《へんぴ》さを誇張する気分がないではないが、実情はこれに近かったろう。

鎌倉殿頼朝はこの地に京の都に擬せらるべき政治の場を創り上げた。鎌倉開府の意義の一つは、低位に面した東国の政治的水準を武力を介し引き上げたことにあった。自己主張を実現するための階級的結集の場を、鎌倉は提供した。同時に、それはこの鎌倉を武士たちの集団安全保障の場にすえることで、彼らの利害の砦《とりで》としたことだろう。

幕府の意義はこれにつきるわけで、鎌倉殿の役割もかれらの推戴者たるところにあった。

天皇にかわるべき東国世界の権威体がこの鎌倉から誕生した。

ただし、その権威体は鎌倉時代を通じて決して一律であったわけではない。広くいえば頼朝をふくめた源家《げんけ》三代の時代と、これ以後の執権《しっけん》北条氏に擁《よう》された摂家《せっけ》ないしは親王《しんのう》将軍の段階である。

田口卯吉《たぐちうきち》風にいえば、「一家政府」の変容ということになろうか。* 源氏による「一家政府」が概して権威とともに、権力を保有することを志向した点は動かない。頼朝時代はそのピークであり、その独裁性の故に頼家・実朝期に反動が訪れる。

承久の乱を機に本格化する執権体制にあっては、その性格上戴くべき血統証（権威体）が必要とされた。この時期の鎌倉殿が形だけのものとなったのは、この点と関係する。

このことは別のいい方をすれば、鎌倉が北条氏に象徴される東国武士の自立の場として脱皮したことを意味した。だが、鎌倉殿という〝保険〟は依然として必要なのであり、このあたりに中世という時代に見あう鎌倉幕府の性格が反映されていよう。

鎌倉が鎌倉であることの存在理由は、京都とは異なる土着的臭いにある。それは東国の「海人野叟」の地の住人でもあった武士たちが、頼朝の謀叛に加担することで築いた政権なのであり、最終的には貴種《きしゅ》（頼朝）の呪縛《じゅばく》から自らを解放することでしか、真の意味での武家の都には脱皮できない。

自立にともなう脱皮とは、そうした内容が含まれている。東国・坂東の地域が自己を反乱という形で主張したのは、十世紀半ばの平将門の乱であった。みずから「新皇」を称し、東国の自立に向けての最初の戦いだった。将門の坂東の夢はその早熟さ故に流産に終ったのだが、これがかたちをなすまでにさらなる時間を必要とした。

頼朝による政権の樹立は、結果的にみれば右の将門の夢を実現させたことになるが、それが相対的安定をみるには、承久の乱を経験しなければならなかった。

承久の乱を経験することで、鎌倉は後鳥羽院の王権をも更迭《こうてつ》しうる論理を発見する。「非義の論旨」に対抗する坂東の論理こそが、「道理」だった。北条泰時《やすとき》の「貞永式目《じょうえいしきもく》」はこの「道理」の結晶化にほかならない。「坂東の習《ならい》」として法理念のレベルまで引き上げられた「道理」を発見することで、武家は頼朝の遺産の分配を可能にさせた（この点、丸山眞男「武士のエートスとその展開」〈前掲〉も参照）。しかももっとも有効な方法において、それを達成したのだった。

鎌倉にまかれた頼朝の政治的遺産について、これを継承する方向には二つの流れがあった。しばしば指摘されることだが、一つは王朝との協調路線がそれだ。これは頼朝自身が

◄ 源頼家像

► 源実朝像

その内に有した方向でもあった。そしてこれとは別に坂東独立路線ともいうべき方向である。内乱当初より上総介広常《かずさのすけひろつね》をはじめとする東国の有力御家人の多くがいだく構想だった。後者の源流はまさに将門に帰着されるべき流れで、頼朝はこの二つの路線のバランスの上にのるかたちで、鎌倉殿として君臨していたことになる。源氏三代の時代はどちらかといえば、その志向性において京都との連携・協調が色濃く出ている（頼家《よりいえ》の蹴鞠《けまり》や実朝《さねとも》の和歌の気風はその象徴）。

その意味では承久の乱は、後者の自立への傾きを一挙に強めた政治的契機ともなった。「鎌倉発、日本国へ」というテーマでいえば、点としての鎌倉的要素が広がりをもつにいたったということだ。簡略にいえば武家の普遍化ということでもある。

平安後期に誕生した武威《ぶい》の芽（将門の乱）は、鎌倉という場で成長し鎌倉殿という武威の象徴をかつぐことで、京都の王権（王威《おうい》）への対とした。頼朝の内乱から承久の乱までの諸段階は、それが集約された時期だった。

地方が中央に向けて発信する時代が訪れた。中世とはそうした時代だった。中世の成熟は、鎌倉殿頼朝が政治的に勝ち取った果実（諸国守護の権＝守護・地頭制）を拡大する過程でもあった。すでにふれたように東国武士の東遷なり西遷の全国移住は、鎌倉を普遍化する手だてともなった。

この過程で「至尊」と「至強」の分裂は、さらに大きくなる。と、同時に「至強」の内部での対立が中世後期の群雄の時代を生みだし、その再編・統合のなかで近世的秩序（江戸幕府）が誕生することになる。

＊　田口卯吉（一八五五～一九〇五）はその著『日本開化小史』（岩波文庫）において、「斯《か》く鎌倉政府は巧に国郡を制し、簡易なる政体を取立たる後ち、一家政府［天下を以て家と為す者の政府を一家政府と云ひ、政府の役人政権を握るものを有司政府と云ふ］の弊害直ちに其内部に萌《きざ》せり。（中略）斯る時に及んで北条氏は外戚の威を藉り執権職の権を以て、彼の源家の中自家の制し難しきものは皆之を討滅し、（中略）一家政府の主人の血統を絶えしめたり」（第四章）と、「一家政府」と「有司政府」の相違を説明する。同書にはその他にも文明史論の立場から鎌倉時代の大局的流れが論じられており、傾聴に値する指摘が少なくない。

# あとがき

『「鎌倉」とはなにか』――いささか大仰な書名だが、これに応ずるだけのなにがしかの責任は果たしたと思う。時代と地域に宿された問題のさまざまが、多少とも鮮明になったかと思う。

中世の鎌倉と、その後の時代とのあいだで対話がしたい。その視点に揺れはなかったはずである。だが一方で、思考にズレはないのか、表現にスベリはないのか、不安もある。鎌倉のさらに奥にある問題を考えたい。これが本書の目的だった。「なにか」に込められた設問の趣旨については、なん度かふれたと思う。

考えてみれば、設問にもほどよい大きさがあるようだ。間尺《ましゃく》にあうという点では、「鎌倉」というテーマは大きからず、小さからずだろう。かりにそれが「京都」であったり、「日本」であったりすれば手にあまる。中世なり武士なりにみあう場として、鎌倉は似つかわしいようだ。

だが、中世や武家を掘り下げるだけではつまらない。それらを時代のなかで、地域のなかで相対化する作業が必要なのではないか。そうした思考の先には当然のことだが、「京都」や「日本」も射程に入ることになる。本書が鎌倉論を掘り下げるなかで、意識したのはまさに、福沢風の「至強」と「至尊」の問題だった。

本書を成すには種々のきっかけがあった。私事ながら先年来、柄《がら》にもなく能・謡曲を始めた。中世の言説表現を知りたいためだった。謡曲のテーマの多数が京都とその周辺であることは、当然すぎることだがあらためて新鮮だった。

もちろん鎌倉に取材したものもある。が、やはり少ない。歴史の記憶を芸能に結晶化させた能・謡曲の魅力はなかなかのものがある。そうした謡蹟を先年来おりにふれ訪れたことも、あるいは本書の下敷きとなっているかもしれない。

中世は東国に鎌倉という光源を湧出させた。これが武家の世界での自己主張から脱し、洗練されたものへと変貌するためになにが必要とされたのか。鎌倉に残された謡蹟を訪ねながら、そんなことも考えたりした。

奇を衒《てら》った構成のつもりはない。ただ地域の表情を史蹟を手がかりに語ると、どんな組み立て方がおもしろい方法なのか。そんなことを考えながら近代から、近世そして中世へと話を進めていった。鎌倉を軸足にした時代史を、一般の通史とは別種の鎌倉史を、そんな構想があった。

いい放しに近い内容もあるだろう。いずれかの機会に論証の責任は果たすつもりだ。世に問う仕事ができる時間は、そんなに多くはない。奇妙なことに人生の節目は九までの数字の二乗に対応するらしい。数学者森毅氏が過日、新聞誌上に載せた話である。

私流におきかえれば、七の二乗の四九歳と八の二乗の六四歳、このあいだの時間がモノを書く仕事にかかわっている者にとって大きいようだ。

この年齢枠のなかで、どれだけの仕事が可能なのか。いささかの焦りを感じつつも筆を擱《お》きたい。

最後になったが、鎌倉国宝館をはじめとして、写真の提供その他で多大の便宜をいただいた関係諸機関に謝意を表したいと思う。また本書の執筆の機会を与えていただいた、山川出版社にもお礼を申し上げたい。

二〇〇三年二月二十二日

関　幸彦

## ●図版所蔵・提供者一覧

| | |
|---|---|
| カバー | 神奈川県立歴史博物館 |
| p. 3 | 横浜開港資料館 |
| p. 9 下 | 日本銀行金融研究所貨幣博物館 |
| p.15上 | 鎌倉大町八雲神社・鎌倉国宝館 |
| p.15下 | 鎌倉大町八雲神社・鎌倉国宝館 |
| p.25上 | 埼玉県立博物館 |
| p.25下 | 東京大学史料編纂所 |
| p.35右 | 楠妣庵観音寺 |
| p.35左 | 総持寺 |
| p.39上 | 清浄光寺 |
| p.39下 | 京都国立博物館 |
| p.45上 | 茨城県立歴史館 |
| p.49上 | 鎌倉大町八雲神社・鎌倉国宝館 |
| p.49下 | 鎌倉市教育委員会 |
| p.55右上 | 盛岡市先人記念館 |
| p.55左上 | 東京大学法学部附属明治新聞雑誌文庫 |
| p.55下 | 鶴見大学図書館 |
| p.61 | 鎌倉国宝館 |
| p.65 | 神奈川県立金沢文庫 |
| p.69上 | 鎌倉国宝館 |
| p.69下 | 神奈川県立歴史博物館 |
| p.75上 | 神奈川県立金沢文庫 |
| p.75下 | 神奈川県立金沢文庫 |
| p.81 | 神奈川県立歴史博物館 |
| p.87上 | 神奈川県立金沢文庫 |
| p.87下 | 神奈川県立金沢文庫 |
| p.91右下 | (財)水府明徳会・彰考館徳川博物館 |
| p.97下 | 鎌倉国宝館 |
| p.103右上 | 九州大学附属図書館 |
| p.103左上 | 早稲田大学図書館 |
| p.103右下 | 児玉町教育委員会 |
| p.103左下 | 鶴見大学図書館 |
| p.109下 | 鎌倉大町八雲神社・鎌倉国宝館 |
| p.127上 | 鶴見大学図書館 |
| p.127下 | 神奈川県立歴史博物館 |
| p.129 | 神護寺 |
| p.133右上 | 鶴見大学図書館 |
| p.133左上 | 鶴見大学図書館 |
| p.133下 | 鶴見大学図書館 |
| p.143上 | 鎌倉市教育委員会 |
| p.143下 | 鎌倉市教育委員会 |
| p.149上 | 横浜開港資料館 |
| p.149下 | 國王神社 |
| p.153上 | 鎌倉大町八雲神社・鎌倉国宝館 |
| p.153下 | 鎌倉市教育委員会 |
| p.159上 | 横浜開港資料館 |
| p.159下 | 鶴見大学図書館 |
| p.165 | 鎌倉市教育委員会 |
| p.169上 | 東京国立博物館 |
| p.169下 | 長講堂 |
| p.175上 | 六波羅蜜寺 |
| p.175下 | 慶応義塾福澤研究センター |
| p.181上 | 建仁寺 |
| p.181下 | 大通寺 |

敬称は略させていただきました。紙面構成の都合で個々に記載せず，巻末に一括しました。万一，記載漏れなどがありましたらお手数でも編集部までお申し出下さい。

◆著者紹介
関　幸彦　せき　ゆきひこ
1952年生まれ。学習院大学大学院人文科学研究科史学専攻博士課程修了。学習院大学助手，文部省を経て，現在，日本大学文理学部教授。
主要著書　『研究史地頭』（吉川弘文館，1983年），『国衙機構の研究』（吉川弘文館，1984年），『説話の語る日本の中世』（そしえて，1992年），『蘇る中世の英雄たち』（中央公論社，1998年），『武士の誕生』（日本放送出版協会，1999年），『神風の武士像』（吉川弘文館，2001年），『北条政子』（ミネルヴァ書房，2004年），『東北の争乱と奥州合戦』（吉川弘文館，2006年），『北条時政と北条政子』（山川出版社，2009年），『百人一首の歴史学』（日本放送出版協会，2009年），『源頼朝　鎌倉殿誕生』（山川出版社，2010年）など

「鎌倉《かまくら》」とはなにか――中世《ちゅうせい》，そして武家《ぶけ》を問《と》う

2003年5月10日　第1版1刷印刷　2014年10月31日　第1版3刷発行

著　者　関幸彦《せきゆきひこ》
発行者　野澤伸平
発行所　株式会社　山川出版社
〒101-0047　東京都千代田区内神田1-13-13
電話　03(3293)8131(営業)　03(3293)8135(編集)
http://www.yamakawa.co.jp/　振替　00120-9-43993
印刷所　株式会社シナノパブリッシングプレス
製本所　株式会社ブロケード
装　幀　菊地信義


ISBN978-4-634-59340-4